天下‧文化　與 您 一 起 推 動

讀一流書・做一流人・建一流社會

財經企管 ⑥

封面設計／陳敏捷

理當如此

企業永續經營之道

孫震　著

序

大時代中的大學者
推薦孫震教授新著

高希均 財團法人知識經濟與管理研究院董事長

（一）

　　這應當是孫震教授學術生涯中最重要的一本著作，尤其是在這個迷惘、焦慮、勢利的年代；尤其是在作者經歷過多個重要的公職之後。

　　在1998年孫教授所著述的《回首向來蕭瑟處》的書背，出現了下面這段文字：

　　民國三〇年代末期，本書作者孫震隨父親從青島東渡來台，在台北和平東路上展開一段風狂雨驟的有情人生。伴隨著台灣社會經濟快速成長，他憑著孜孜不倦的努力，在因緣際會之下，從一個撿煤炭的瘦弱少年，成為以研究為終身職志的經濟學者，之後接長台大、出任國防部長。在學術與行政的領域之外，也享受讀書之樂、家人之愛與朋友之情。悠悠歲月已然逝去，回首過往，所有榮辱與悲歡、酸甜苦辣，竟是也無風雨也無晴，一切淡然於心、了然於心。

　　這段感性的敘述背後，隱藏了太多孫教授四十餘年來

對台灣社會的貢獻。

（二）

在我們經濟學界，很難找到像孫教授這樣學貫中外古今的人；也找不到有這樣豐富公職生涯的人；更不易找到像他這樣誠信、謙和、嚴以律己、寬以待人、不居功、不爭名的人。

如果這塊土地上還有君子，孫教授就是這樣一位難得的君子。

在那經濟起飛與學習成長的1970-1980年代，媒體的焦點都集中在李國鼎、孫運璿、趙耀東等幾位首長，但幕後策劃與傳播的功臣就是王作榮、王昭明、孫震、葉萬安等幾位。

與其他工程出身的財經首長不一樣的，孫教授是學經濟的。他會以嚴格的經濟邏輯，貢獻他的論點。1970年代初，書生報國，初試啼聲，即受到層峰的賞識。這使他走上了擔任公職的不歸路。

他的有形成就可以拿他出版的著作及重要職稱來衡量；但孫教授真正的貢獻是鮮為人知的。他在舞台的幕後，在台灣經濟成長的關鍵時刻，提出過很多重要的自由化政策與理念：包括所提出的「國際化、制度化、民營化」；在台灣轉型時期，他又提出並推動「富而好禮」的社會，與「群我倫理」。

即使在他擔任公職期間，不論多忙，只要是他接受的演講與答應的文章，都出自他自身的構思與手筆，這實

在是難以堅持的自律。孫夫人常常形容：「晚飯後，他就不見了。回到書房，埋首閱讀與寫作，直到深夜。」

正是這樣的終身研讀與著述，卸任公職之後，他擁有了更寬廣的天空。

以「無官一身輕」的灑脫，再回到學術界。當再被稱為「孫教授」時，他變成了一位「自由人」——教書、演講、寫專欄、出國旅行，回到山東老家尋根。他的笑容增多了，評論的範圍放寬了，著述的生產力更是增加了（近六年即出版了六本著作）。他的生活空間從當年的和平東路移到了「家住板橋」。孫教授在《人生在世》一書中，蒐集了兩篇〈家住板橋〉的短文（發表於2003年10月），應當會是反思現代都市生活的經典之作。

與孫教授相識三十多年中，他似乎擁有三個鮮明的對比特質：從不炫耀自己，從不吝嗇稱讚別人；有不與人爭的氣度，有據理力爭的性格；個性或拘謹，思路則豪邁。

（三）

三年前，當孫教授回到元智大學擔任講座教授時，講授「企業倫理」。台灣變成了狄更斯所形容的：最好的時代，也是最壞的時代。

外有轟動國際的美國安隆舞弊，內有震驚台灣的新瑞都超貸。多「憂」善「析」的孫教授就著手從企業倫理來思考台灣企業的永續經營。

放眼當今的台灣，缺人才，但更缺人品。反映在企業

經營上的，就是缺「企業倫理」。

沒有人，不能做事；沒有人才，不能做大事；沒有人品，不論做小事大事，都會壞事。

儘管台灣社會一直在力爭上游，但到處仍是缺少「品」的例子。消費者缺少「品味」，家庭生活缺少「品質」，政商人物缺少「品格」，商人缺少「品德」。

尤其在競爭劇烈與追求財富的市場經濟浪潮下，人心的貪婪難以遏止；台灣就被西方媒體形容為「貪婪之島」。

面對這樣的大環境，我們一直在大聲疾呼：企業永續經營的基石，就是「企業品德管理」。在我們2004年6月舉辦的「企業品德管理」的討論會中，出現了這麼多深刻的觀察與警告：

(1) 張忠謀先生指出：「堅持高度職業道德」是台積電最重要的公司文化。

(2) 許士軍教授大聲疾呼：在知識社會中，企業經營靠倫理。

(3) 世界經濟論壇中國區負責人馬家敏，在她所主編的《企業全面品德管理》中提出忠告：不實踐TEM（Total Ethical Management），企業終將滅亡。

(4) 台灣微軟總經理邱麗孟說：「誠信」是我們的基本信仰。

與會者的共識：企業下一波的競爭是在品德；追求「全面品德管理」尤勝於「全面品質管理」。

（四）

因此，當得知孫教授正在著述「企業倫理」一書時，就如獲至寶地希望這本著作由「天下文化」出版。這是「天下文化」二十二年來所出版孫教授的第四本書。兩週前看到書名與書稿《理當如此 —— 企業永續經營之道》，就立刻被它吸引住。近十年來的台灣社會，就是愈來愈陷入「不按牌理出牌」的泥淖，助長了社會的不安、道德的墮落，及成長的遲滯。

對有理性與良心的人，「理當如此」就是理當如此。可是，一些人受了太多因素的支配與誘惑，做出了「不該如此」的決定。

全書共九章，近十萬字，正可以很適切地反映出孫教授治學的嚴謹、思慮的縝密、價值取捨的分際與對社會進步的憂心。

這位「先天下之憂而憂」的學者，在三年前所著《台灣發展知識經濟之路》（三民書局）的〈自然從不跳躍〉的序言中，就提出了警語：「倫理並非過時的概念，倫理是社會有效運作的基礎，也是民主政治健全發展必須的條件。」

現在在「自序」中就開宗明義地指出：「倫理是一種終極價值……只有如此，企業才能永續經營下去。」他又指出：「台灣社會紀律廢弛、道德敗壞，正如孟子所說的：『世衰道危，邪說暴行有作。』企業倫理幾乎成了砥柱中流最後的希望。」

九章之中，我特別欣賞前三章〈導論〉、〈企業與倫理〉、〈倫理的理論〉，以及第七、八、九章，分述「企業的社會責任」、「企業的環境責任」及「企業倫理與群我倫理」。

很多理性的分析，以及深入的見解，都值得我們深思。摘引幾則：

- 利己要靠倫理節制。
- 把自己置於和眾人一樣的地位就是公正。
- 一個國家不可能長期保有進步的經濟和落後的國民（「落後」是指倫理上的落後）。
- 做生意而講倫理，不是為了賺錢，是為了不賺不義之財。
- 一個內部有誠信的群體，會比缺少誠信的群體有較好的表現。
- 亞當‧史密斯是要在市場經濟制度下，借個人追求自利的動機，促成社會全體的利益。
- 溫世仁大陸大西北「千鄉萬才」計畫是要：「始於公益，止於互利」。
- 企業的社會責任亦有其限度，過分強調不利於其經濟功能，應慎加衡量。
- 五倫社會之優點為親切、關懷；缺點為偏私、髒亂；第六倫社會之優點為公正、秩序；缺點為冷淡、疏遠。

（五）

書中並引用十七世紀英國哲學家霍布斯（Thomas Hobbes）的八項企業經營的原則：

(1) 我們願給別人多少自由，就只能要求得到多少自由。

(2) 凡我不欲為之事，亦不要求他人為之。

(3) 凡我不欲他人如此待我者，亦不應如此待人。

(4) 我們應承認人皆平等。

(5) 我們應信守承諾，並履行業經同意的契約。

(6) 凡不可分割之物應共同享有。

(7) 如無法達成協議，應提請公斷。

(8) 法官應公正無私。

孫教授引申：「沒有限制的自利，根本不符合個人的利益。」因此將霍布斯的觀點稱為「開明式自利」。

「開明式自利」與另一位當今英國管理大師韓第（Charles Handy）所提出的「適當的自私」正是前後呼應。韓第認為：「適當的自私是超越自己；自己覺得對的，別人也必須覺得對才行；道德始於自身；窮人與富人只有一套道德規範。」

兩位英國哲人的思維，似乎足夠來指導二十一世紀的複雜社會。企業經營是現代社會中重要的一環；企業要永續經營，就必須要有企業倫理。孫教授分析得最明白：「企業倫理就是營利單位在追求自己的利益時，必須遵守公正的原則。」

孫教授生於憂患，憑藉自己的才識與操守，擁有過學

術權威、軍方顯赫、科學領導的多重光環；在大時代、大風浪、大染缸中，堅守大是大非，公正不阿，做了自己良知領航的大學者。這位淡淡憂思的謙謙君子，在追求學術真理與社會正義的過程中，從來沒有懈怠過，也從來沒有改變過。歸納來說，這位學人做事有大格局、做人有大包容、做學問有大思路。

當這位努力自省、篤行公正的孫教授，寫下了這本以公正為立論核心的企業倫理之書，真是華人世界的大事。「天下文化」驕傲地把這本著作獻給海內外讀者。

自序
砥柱中流最後的希望

　　這是一本講企業倫理的書。我原來想用的書名就是「企業倫理」，沒有覺得有什麼不妥。然而天下文化的編輯們可能認為太古板，另外建議了六、七個名字給我參考。我感謝她們的好意，決定從善如流，採用「理當如此——企業永續經營之道」。

　　倫理是一種絕對價值或終極價值（ultimate value），本來就是「理當如此」，不是另外為了別的目的；不過，也只有如此，企業才能永續經營下去。

　　這裡所說的企業泛指一切生產或供應商品或服務的營利單位，並非一定是經濟學大師熊彼得（Joseph A. Schumpeter）意義的企業。在熊彼得創新與經濟發展的理論中，營利單位的負責人只有在從事創新時才是企業家；創新完成，回到日常工作，就只是一個一般的經營者，在本書中一概稱為企業家。本書稱企業家沒有特別褒獎的意思。企業家從事創新獲得超出一般的市場價值，產生利潤，故利潤是對企業家創新的報酬。

　　不過企業並非只有創新才對社會有貢獻。事實上，企業組織生產因素從事生產，創造市場價值，其所創造的價值就是所謂「國內生產毛額」（Gross Domestic

Product, GDP）。參與生產活動的各種生產因素的所有主，按照其所提供的生產因素在其個別市場上所決定的價格得到報酬，就是所得（income），包括土地的地租，房屋的租金，資金的利息和員工的工資。企業於支付這一切成本後如仍有盈餘，就是我們通常所說的利潤。利潤亦為所得，因此總產值等於總所得。企業的生產活動為社會創造了產值，為我們提供了生活所需的商品與服務，也創造了所得，使我們恰可以購買這些商品與服務，而企業的創新活動使總產值與總所得增加，我們稱之為經濟成長；經濟成長讓我們的生活不斷獲得改善。

司馬遷在《史記》〈貨殖列傳〉中說，中國各地有各種資源，「故待農而食之，虞而出之，工而成之，商而通之。」靠農業耕種，礦業開採，工業製造，商業加以流通，我們才能得到各種所需的生活資料。

他引《周書》說：

農不出則乏其食，工不出則乏其事，商不出則三寶絕，虞不出則財匱少。

並接著說：

財匱少而山澤不闢矣。此四者，民所衣食之原也。原大則饒，原小則鮮。上則富國，下則富家。貧富之道，莫之奪予。而巧者有餘，拙者不足。

這眞是一段精采的中國版「國富論」，也說明了各種
生產事業，上對國家、下對家庭所作的貢獻。有錢沒錢
各憑本事，沒有搶奪，也沒有施捨。

放諸四海皆準的企業倫理

我教企業倫理，常將我國傳統思想包括司馬遷的思想
和十八世紀英國亞當・史密斯（Adam Smith）的道德
哲學和經濟思想作比較，討論其間的異同與影響。

史密斯認爲人性有利己的成分，也有利他的成分。利
己出於切身的感受，利他出於人飢己飢、人溺己溺，設
身處地的同情之心。他說：關心自己的幸福教我們審愼
的美德（the virtue of prudence），關心他人的幸福教我
們公正的美德（the virtue of justice）和仁慈的美德（the
virtue of beneficence）。所謂公正是不損及別人的利益，
所謂仁慈是增加別人的利益。故公正是必須盡到的義
務，也可要求別人一定做到；仁慈則出自別人的自願，
只能期待，不能要求。

史密斯的經濟思想建立在審愼和公正的基礎上。他在
《國富論》（*An Inquiry into the Nature and Causes of the
Wealth of Nations*）中闡述公益和私利之間的關係。他
說人通常無意去促進公共的利益，人只要追求自己的利
益，冥冥中有「一隻看不見的手」（an invisible
hand），就會引領達成公共的利益，而且比蓄意想去達
成公益更有效。

史密斯在這裡未強調追求自利不可違背公正的原則，

正如儒家鼓吹利他未強調審慎及維護自己的利益。不過，過分熱中於自利的追求，較易導致為私利犧牲公義，在經濟情形惡化，企業處境困難時尤其如此。近年中外有很多例子。可知「子罕言利」有其重大的社會意義。孔子說：「道之以政，齊之以刑，民免而無恥；道之以德，齊之以禮，有恥且格。」我們應善加體會。

　　企業倫理簡單的講就是營利單位在追求自己的利益時必須遵守公正的原則。從康德（Immanuel Kant）義務論的觀點看，這原是企業應盡的本分；從功利主義後果論的觀點看，這樣才能促進公共的利益，而且社會上人人都在追求自己的利益，只有相關者的利益都受到照顧，企業才能永續經營，社會才能永續發展。

　　本書共分九章，第一章為導論，第二章談企業倫理的意義及其重要性，第三章介紹判斷倫理的標準與不同的學說。第四章到第六章分別討論企業與顧客、員工和股東的關係。第七章談企業的社會責任或企業公民。當前流行的理論對企業的社會責任有過分擴大的傾向，主要因為未能充分了解企業的社會功能及其社會貢獻的真正所在。本章提出經濟學者的看法。第八章談永續發展。這是經濟學中「外部不經濟」（external diseconomies）的問題。外部不經濟是一種生產活動引起成本但未充分給予補償，例如對有限自然資源的耗用，二氧化碳排放造成溫室效應等。外部不經濟所產生的成本往往由一般大眾甚至後代子孫負擔，所以特別需要企業的倫理自覺、有效的政府政策和健全的社會制度。第九章談企業

倫理在群我倫理中的地位。近年台灣社會紀律廢弛，道德敗壞，正如孟子所說的：「世衰道危，邪說暴行有作。」企業倫理幾乎成了砥柱中流最後的希望。

　　過去三年我在元智大學管理學院教授「企業倫理」，這本書是從我的講義發展而成。雖其內容未必符合這一領域的主流思想，但在中西思想比較和從經濟學觀點探討問題方面，也許尚有若干值得參考和有所啓發之處。2005年1月31日這個學期結束，我即將從元智大學退休，我以此書紀念教學生涯的最後一學期。

　　我感謝高希均教授爲本書寫序。我是希均兄長期的讀者，他前瞻的眼光，淵博的學識，對我啓發甚多。希均兄在其爲莊素玉《無私的開創——高清愿傳》所寫的序文中引用熊彼得的話：「如果沒有改變人們的生活，你就不能說已改變了世界。」希均兄壯歲返國和朋友創辦《天下》雜誌和《遠見》雜誌，又創辦出版事業，先有經濟生活，繼有天下文化，在他本人著書立說鼓吹先進觀念與思想之餘，出版好書，嘉惠大眾，可謂改變人們的生活。我十分敬佩。

　　我也感謝負責編輯本書的林蔭庭小姐和沈維君小姐，她們很多高明的意見，我都欣然接受。我在元智大學的助理姜佳瑗小姐爲本書初稿打字，在她繁忙的課業中，增添沈重的負擔，我敬致感謝之意。

孫震

2004年10月15日

於元智大學管理研究所

理當如此 企業永續經營之道

目錄

序

大時代中的大學者

推薦孫震教授新著 ·················高希均 一

自序

砥柱中流最後的希望 ····················九

第一章 導論

倫理猶如空氣和水 ······················3

安隆醜聞與新瑞都事件 ··················5

義利之辨 ····························9

利己與利他 ························13

利己要靠倫理節制 ····················15

第二章 企業與倫理

經濟人與社會人 ····················21

審慎、公正與仁慈 ··················26

倫理的誕生 ························30

我國傳統的企業倫理 ························ 33

倫理能賺錢嗎 ····························· 38

第三章　倫理的理論

性善與性惡 ····························· 43

倫理的理論 ····························· 48

　　壹、功利主義 ························· 51

　　貳、康德的道德哲學 ··················· 54

　　參、亞里士多德的美德論 ··············· 59

第四章　企業與顧客

企業以服務顧客為目的 ··················· 67

禮貌、回應與關懷 ······················· 72

競爭、獨占與消費者利益 ················· 76

廣告 ································· 80

產品安全與消費者保護 ··················· 84

第五章　企業與員工

勞雇關係與經濟發展 · 91

永遠將人當作目的來尊重 · · · · · · · · · · · · · · · · · 95

競爭、生產力與勞工福利 · · · · · · · · · · · · · · · · · 99

盡職與忠心 · 104

吹哨子的人 · 107

第六章　股東、董事會、公司統理

股權結構與公司組織型態 · · · · · · · · · · · · · · · · · 119

股價、股利與企業價值 · · · · · · · · · · · · · · · · · · · 122

公司統理 · 128

董事會與公司統理 · 132

第七章　企業的社會責任

企業公益 · 143

成長、平均與自由 · 149

企業公民與利害關係者理論 · 153

社會責任支出的利他與利己 · · · · · · · · · · · · · · · · · · · 158

自利說與利他說之調合 · 162

第八章　企業的環境責任

永續發展 · 167

經濟成長與環境維護 · 172

永續發展的展望 · 178

政府政策與企業責任 · 184

第九章　企業倫理與群我倫理

群我倫理的意義 · 193

特殊主義與一般主義 · 196

企業倫理在群我倫理中的地位 · · · · · · · · · · · · · · · · · 200

制度、社會資本與資產 · 207

各類資本與人民福祉 · 213

第一章 導論

遵守倫理，使相關各方面得到應得的利益，維持和諧依存的關係，是企業為了永續發展，最妥善的經營之道。

倫理猶如空氣和水

倫理是人與人相處應遵守的原則，也就是做人的道理。企業倫理則是與企業活動有關的倫理原則。倫理的重要性常為人忽略，猶如空氣和水，有它們的時候，我們不覺其重要，甚至意識不到空氣的存在，然而如果缺少就根本無法生存。

任何社會組織、團體都需要倫理，才能維持成員之間的和諧相處，消除緊張，合作互助，藉使這個組織或團體有效發揮其設定的功能。例如家庭之中，我國傳統上強調父慈子孝，兄友弟恭；現代社會家庭型態改變，比較重視夫妻相愛，互敬互諒，教養子女。在企業組織之中，員工彼此友好，互助合作，盡忠職守。即就廣泛的社會而言，如果人與人之間沒有若干基本的了解、尊重和遵守若干基本的原則，則每個人只好步步為營、處處設防，在不確定和不安全中生活。因此，我們不僅生存在自然環境之中，也生存在社會環境之中。

我國先賢一向重視社會環境的營造和維護，近年世界

科技與經濟快速發展，對自然環境的破壞日劇，再度引起人們對自然環境維護的重視；但對社會環境的維護則似乎未給予應有的重視，值得我們憂慮。

歷史上，當社會有效運作所繫之倫理日漸敗壞時，往往會有賢哲之士挺身而出，倡導加以整建。孟子說：「世衰道微，邪說暴行有作。臣弒其君者有之，子弒其父者有之，孔子懼，作《春秋》。」又說：「孔子成《春秋》而亂臣賊子懼。」

《春秋》是孔子根據魯史所作，對歷史人物加以褒貶，文辭簡約而意涵深遠。他說：「我欲託諸空言，不如見諸行事之深切著明也。」孔子是藉著對行為的評論，將自己的主張表達出來。到了孟子的時代，「楊墨之道不息，君子之道不著，是邪說誣民，充塞仁義也。仁義充塞則率獸食人，人將相食。」孟子又說：「楊氏為我，是無君也；墨氏兼愛，是無父也。無父無君，是禽獸也。」無君是沒有社會觀念，無父是沒有家庭觀念。一個社會不論沒有社會觀念，只追求自己的利益，或沒有家庭觀念，只顧去兼善天下，都很難維持。所以他才站出來「正人心，息邪說，距詖行，放淫辭。」

美國於1980年代由於華爾街不斷發生弊端，社會各界感到企業倫理敗壞的危機，大學院校紛紛開設企業倫理課程，一時之間成為商管學院學生必修的顯學。台灣各大學的企業倫理課程則開發較晚，晚近才受到較多的重視。

安隆醜聞與新瑞都事件

二○○一年12月，美國安隆（Enron）公司向法院聲請破產，引起軒然大波。

安隆是一家能源公司，1980年代初崛起於德州，迅速成長，成為美國第七大公司。1990年到2002年間，公司及其高層主管的政治獻金將近600萬美元，100位參議員中71位得到安隆的捐獻，包括負責調查安隆案的能源委員會23位委員中的19位委員。

二○○○年小布希競選總統時，安隆在重大捐助者中排第12名。布希總統的最高經濟顧問和貿易代表都曾擔任安隆公司的顧問；另有3位閣員接受過安隆的獻金。

安隆財務發生困難後，列名美國「五大」的安達信（Arthur Andersen）會計公司助其利用「特別目的組織」（special purpose entities, SPE）隱藏真相，造成偏高的股價，從中獲利，使不知情的投資大眾慘遭損失。

在2001年12月2日向法院聲請破產前的一年內，安隆的144名高層主管自公司獲利7億4千餘萬美元，其中董事長肯尼茲・雷伊（Kenneth Lay）獨得1億5千餘萬元。參加安隆退休計畫的2萬4千名員工因安隆股票狂跌損失10億美元；因安隆破產而失業的員工4千5百餘人僅領得遣散費4千3百萬美元，未來亦只有3千萬可領。

無獨有偶，台灣2002年發生新瑞都案。新瑞都的大股東也是實際主導者蘇惠珍女士，當年結交有力政治人物，將高雄縣偏遠鄉下的一塊不毛之地，變更為商業用

地，然後以送禮和給佣金為手段募集資金。此一「開發投資」案如獲成功，其過程中一切不正當的做法，可能永遠不為外人所知，而很多人不勞而獲分享了土地「人為」增值的利益，可能也覺得理所應當。然而投資案最後並未成功，蘇女士對於有人拿了錢不做事，使她蒙受損失，心有未甘，訴諸媒體，驚動司法，才讓若干人物傳言之中的醜聞東窗事發。

在美國，安隆案之後又發生一連串的企業醜聞，包括2002年6月的世界通訊（WorldCom）案。這一連串事件引起美國本土，甚至全世界，對美國的會計制度徵信、審核與公司治理、監督的普遍關懷。在台灣，新瑞都從來不是傳言之中靠特權或政府政策賺取暴利的眾多案例中的要角；然而新瑞都案的爆發，讓很多一向寧願相信人心唯善的平民百姓感到傳言竟然非虛，因而對國家前途憂心忡忡。

我們如果將美國和台灣的官商關係加以比較，會發現台灣企業領袖對政治人物的捐獻更慷慨，而政治人物一旦掌握權力也更知「感恩圖報」，回饋金主。美國安隆事件發生後，曾經接受捐獻的高官紛紛迴避，更不可能干預司法，從旁協助。台灣的情形如何？我們是否可以從比較中看出，兩個不同所得水準的國家，在倫理上、制度上、文化上也有很大的不同？

安隆拖累 安達信裁員7000

（法新社／芝加哥訊）受倒閉的安隆公司醜聞所拖累而經營困難的美國安達信會計事務所8日說，它將在2萬6千名美國員工中裁減7千人。

該公司在美國的合夥人戈瑞爾說：「我們最近面臨的所有問題中，沒有一件能與我們現在被迫對員工所採取的行動相比。」

戈瑞爾在一項聲明中說：「由於我們的員工在此艱困期間所展現的忠誠、奉獻與努力，使這項決定更為痛苦。」

他說，裁員過程可能耗時數月。裁員的重點在稽核部門與行政部門。

該公司的聲明說：「雖然公司不斷努力避免任何裁員措施，但裁員仍是上個月事件的許多結果之一。」

安達信會計事務所被控利用有問題的帳目掩飾安隆的虧損，以期維持與總部設在休士頓的安隆公司的顧問合約後，現在它面臨法律訴訟。

安隆公司被迫重新提出反映數百萬美元債務的財務報告後，於2001年12月提出財產保護。《華爾街日報》說，安達信會計事務所5日與聯邦檢察官會晤，希望解決有關銷毀安隆文件而妨礙司法的犯罪指控，但是並沒有達成協議的跡象。

不實財報 投資人損失慘重

（法新社／華盛頓訊）8日提出的經過修正後的控訴書顯示，華爾街的一些最著名的金融機構和投資公司，都被控涉及協助

倒閉的能源業巨擘安隆公司詐欺投資人，導致投資人蒙受重大損失。

總共有9家金融機構和投資公司，以及2家律師事務所在此一控告安隆公司的集體訴訟中被增列為被告。訴狀中說，投資人遭詐欺損失總金額逾2百50億美元。

厚達485頁的經過修正的控訴書，增列摩根銀行集團、花旗集團、美林公司、瑞士信貸第一波士頓銀行、加拿大帝國商業銀行、美國銀行、巴克萊銀行、德意志銀行和李曼兄弟公司等9家主要金融機構和投資公司為被告。

另外，分別設於休士頓和芝加哥的兩家律師事務所也被增列為被告，被控協助安隆公司造假，隱匿債務。

這項集體訴訟的首席代表律師勒拉契說，如此牽涉廣泛的詐欺無法由少數公司高級人員一手完成。

訴狀中說，涉案的金融機構和投資公司曾使用種種手段，幫安隆公司掩飾貸款債務，並方便高估價值的安隆公司資產的假銷售行為的進行；被控的兩家律師事務所則發出一些誤導投資人的不實法律諮詢文件，並協助騙人的交易行為。

訴狀中控訴說，涉案銀行主管協助隱瞞安隆公司岌岌可危的財務情況，而屬於那些銀行及有關的證券分析師則做了一些虛假的樂觀評估，幫安隆公司吸引投資者。

加州大學運用退休基金投資安隆公司，是安隆公司的大投資者。該校的總法律顧問郝斯特指控說：「這些著名銀行和律師事務所運用技巧和其專業的美譽，幫安隆公司的主管們支撐該公司的股價，營造該公司仍財力雄厚的假象。」

（《中央日報》，2002年4月10日）

義利之辨

追逐私利，不顧倫理，顯然違背我國傳統儒家思想的教訓；事實上在任何國家、任何地方也不被允許。因爲一個公義的社會，必須保障其每一成員的權益，不能容許有人從剝奪別人的利益中獲得自己的利益。

大致說來，儒家重視正當的行爲勝於所希望達到的目的，所謂「正其誼，不謀其利」。孔子並不排斥財富，

不患無位，患所以立

社會以金錢和地位分配人力資源以達到社會自己的目的，這些目的或者是和諧與安定，或者是進步與富裕。因此個人追求金錢和地位有其社會的正當性，不是不好的事。如果社會份子不受功名利祿的引導，社會就不可能有效運作了。司馬遷說：「天下熙熙，皆爲利來；天下攘攘，皆爲利往。」然而孔子說：「富與貴是人之所欲也，不以其道，得之不處也；貧與賤是人之所惡也，不以其道，得之不去也。」按照一定的原則去追求富與貴，才會和社會的目的一致。所以儒家的人生態度主張「正其誼，不謀其利。」子張干祿，孔子曰：「言寡尤，行寡悔，祿在其中矣。」又說：「不患無位，患所以立。」就是說：做對的事，不要計較有什麼好處。講話不招惹是非，做事小心謹慎，沒有遺憾，自然有人給你職位。所以不怕找不到工作，只怕沒有那個本事。如果我們端正品德，增益學識，努力工作，自然會得到人家的肯定，獲得金錢和地位。縱然一時得不到也不致有挫折，因爲原來即非直接追求的目的。

台大物理系高涌泉教授2003年4月23日在《中央日報》副刊

他說：「富而可求也，雖執鞭之士吾亦爲之；如不可求，從吾所好。」（《論語》〈述而〉）又說：「富與貴是人之所欲也，不以其道，得之不處也。」不過，孔子很少談到利。「不義而富且貴，於我如浮雲。」（《論語》〈述而〉）他認爲只要該做的事做到了，該有的條件具備了，所希望的目標就會達到；達不到也不要緊。他說：「不患無位，患所以立。」又說：「君子謀道不謀食。耕也，餒在其中矣，學也，祿在其中矣，君子憂道不憂

發表了一篇文章，題目是〈沈淪〉。高教授在這篇大作中引用愛因斯坦向普朗克致敬的短文。大意說：在科學的殿堂中，有人爲了成名，有人爲了獲利。如果有一天，天使降臨，把他們都趕走，仍會有少數人留下來，這些人純粹爲了科學本身而努力。普朗克先生就是其中的一位。當然愛因斯坦自己也是其中之一。

高教授說：「名利之心雖有其正面價值，卻也不時會引來愚蠢行爲。」他舉熊恩的故事爲例。熊恩於1997年獲物理學博士，到貝爾實驗所做研究。他表現優異，從1998年到2002年發表將近一百篇論文，平均每八天一篇，且被廣爲引用。後來遭人檢舉。貝爾實驗所邀請權威學者組成委員會調查，發現他在多篇論文中僞造或扭曲數據，結果被貝爾解聘。

做人的根本是求善，做學問的根本是求眞，本固而枝葉茂盛。如果社會上多數人捨本逐末，太急切於名利的追求，這個社會恐怕很難長久。我們台灣近年來有一點這樣的危機，令人憂心。

（孫震，《人生在世》，聯經，2003年，頁147-148）

貧。」(《論語》〈衛靈公〉)

　《史記》〈孔子世家〉記載了孔子在蔡受到圍攻，絕糧七日，弟子多病，甚至表示不滿和發出怨言的故事，最能表現孔子對行為正當性的堅持。他先問子路，難道我的主張有什麼不對嗎？為什麼弄成這種局面？子路說，可能因為我們「未仁」，所以人們對我們不信，可能因為我們「未知」，所以人們不採行我們的主張。孔子不同意子路的說法。他說，如果仁者必信，怎麼會有伯夷、叔齊？如果知者必行，怎麼會有王子比干？孔子又問子貢。子貢說，夫子之道太大了，所以天下容不下，何不稍微打個折扣？孔子聽了甚不以為然，認為「道」是不能為了「求容」而降低標準的。最後問顏淵。顏淵說：「夫子之道至大，所以天下容不下。不過容不下何妨？天下容不下，才顯示出君子。」孔子的這種堅持倫理原則，不計事功得失的價值標準，在中國文化中影響深遠，可以說直到如今。我們只要看關公在台灣民俗宗教中的地位崇高，就可得到證明。關羽當年失荊州、走麥城，兵敗被殺，甚至動搖西蜀振興漢室的基業。他是以忠義而不是以事功，得到後人的尊敬。

　孟子比孔子更不主張自己的利益。孟子見梁惠王，梁惠王問他「將何以利吾國」。他回答說：「王何必曰利，亦有仁義而已矣。」又說：「王曰何以利吾國，大夫曰何以利吾家，庶人曰何以利吾身，上下交征利而國危矣！」(《孟子》〈梁惠王〉)不過他也沒有覺得財富有什麼不好，畢竟我們要有收入才能生活。只要追求自己

的利益、不忘記大家的利益，「與百姓同之」，就可以了。孟子說伯夷、伊尹和孔子有一個共同點，就是：「行一不義，殺一不辜，而得天下，皆不為也。」

　　人對於自己的經濟利益沒有強烈的欲望，自然就不會苦苦追求，以致逾越了行為的規範，何況對自己的行事和為人又有一定的期許。然而這是否就是中國雖然自古

孔子絕糧於陳

　　孔子困於陳，絕糧，從者病。孔子知弟子有慍心，乃先後召見子路、子貢和顏回，問他們同樣的問題：「《詩》云，匪兕匪虎，率彼曠野。吾道非邪？吾何為於此？」以下是夫子和三位弟子的對話：

　　子路曰：「意者吾未仁邪？人之不我信也。意者吾未知邪？人之不我行也。」孔子曰：「有是乎？由，譬使仁者而必信，安有伯夷、叔齊？使知者而必行，安有王子比干？」

　　子貢曰：「夫子之道至大也，故天下莫能容夫子。夫子蓋少貶焉？」孔子曰：「賜，良農能稼而不能為穡，良工能巧而不能為順。君子能修其道，綱而紀之，統而理之，而不能為容。今爾不脩爾道而求為容。賜，而志不遠矣！」

　　顏回曰：「夫子之道至大，故天下莫能容。雖然，夫子推而行之，不容何病？不容然後見君子。夫道之不脩也，是吾醜也。夫道既已大脩而不用，是有國者之醜也，不容何病？不容然後見君子。」孔子欣然而笑曰：「有是哉，顏氏之子！使爾多財，吾為爾宰。」

(《史記》〈孔子世家〉)

以來重視知識，勤勉節儉，在應用技術方面也領先世界各國，但在經濟方面卻讓西方後來居上，自己則落在後面的主要原因？

　　不過在另一方面，德國的經濟史學家麥克司・韋伯（Max Weber）卻指出，貪得無厭是世界各國共同的現象，尤以中國的車夫和義大利的船夫爲然。資本主義的精神反而是在一定規範下有節制地賺錢。如果貪得可以致富，則世界上不應有貧窮的國家。

利己與利他

　　英國的哲學家和經濟學家亞當・史密斯（Adam Smith）認爲人性有利己的成分，也有利他的成分。利己是由於自己的切身感受，是人的本能，利他是出於同情心，是自身感受的投射。當我們看到別人的不幸，設身處地，感同身受，同情之心油然而生；這正是孟子所說的「不忍人之心」，也就是「惻隱之心」。史密斯並說，並非好人才有利他的胸懷，就是窮凶惡極之人和鐵石心腸的亡命之徒，也一樣有同情慈悲之心。這一點也和孟子「今人乍見孺子將入於井，皆有怵惕惻隱之心」的觀察是一致的。

　　史密斯和中國儒家思想的不同之處，在於他對人性之中利己或自利部分的看法。他不但不像荀子將利己視爲人性之惡，也不像孟子認爲應該節制對利的追求，賦予

義優先的地位。他認爲人追求自己的利益（self-inter-est），自然可以達成群體的利益；不需要蓄意想達成群體的利益。他於1759年出版的《道德情操論》（*The Theory of Moral Sentiments*），闡述他的倫理觀念。十七年後，又於1776年出版《國富論》（*An Inquiry into the Nature and Causes of the Wealth of Nations*），闡述他的經濟思想。此書開經濟學之先河，奠定他成爲經濟學鼻祖的地位。

　　史密斯認爲，個人通常並不是爲了公共的利益，或他人的利益而努力，就算想要爲公共的利益努力，也不知從何做起。個人是爲自利而努力。然而當他爲了自己的利益從事選擇時，自然做了對國家有利的選擇。以投資爲例，不論何人一定會選利潤率最高的產業，而利潤率最高的產業就是社會上最需要的產業。所以個人的利益和社會的利益是一致的，個人從增進社會的利益中得到自己的利益。史密斯說：「他優先投資於國內產業而非國外產業，是爲了自己的安全；他如此經營此產業以獲致最大的產值，是爲了自己的利得，他在此一情況和其他很多情況下一樣，被一隻看不見的手（an invisible hand）所帶領，達成他原本無意達成的目的（註1）。」

　　史密斯的《國富論》初版於1776年問世，正值工業革命興起，帶領英國進入所謂「現代經濟成長時代」（modern growth epoch）。史密斯可能由於「不識廬山眞面目，只緣身在此山中」，對當時一些重大技術變化似乎並無深切的認識。他在《國富論》中，甚至從未提及

曾經在他執教的格拉斯哥大學任職，以發明蒸汽機聞名於世的瓦特（James Watt）。雖然他提到蒸汽機，稱之為fire engine，但認為只是頑童為貪圖與同伴玩耍偶然的發明（註2）。不過，他的《國富論》生動地描述了資本主義社會的經濟發展，他的追求自利在市場機制運作下可以自動達成公益的學說，也為資本主義經濟中人人為追求自利而努力，提供了倫理的基礎。

利己要靠倫理節制

追求私利可達成公益，是因為創造了經濟或市場價值，與他人分享，自己只取得其中的一部分。例如企業家借用資金、租用土地、僱用員工，從事生產，獲得收益；資本主從中得到利息，地主得到地租，員工得到薪資，企業家自己得到利潤；政府也因而得到稅收，用於各種公共支出。商人買賤賣貴，在傳統觀念中常被認為是不生產的。實際上則因改變了商品供給的空間或時間，使商品的效用提高，創造了增加的價值（added value或value added）。而一般人以員工的身分，投入直接或間接的生產活動，因為對生產有貢獻，所以才有薪資，否則就不會被僱用。這些複雜的活動共同形成市場，發揮了史密斯所說的那隻「看不見的手」的作用。

然而市場一旦形成，總有一些活動並未增加實際生產或價值，但卻得到收益，這時某些人的收益就造成另外

一些人的損失。安隆高層以會計技巧隱藏財務真相，欺騙投資大眾，從股價中賺取暴利，是這樣的例子。新瑞都利用政府政策所提供的機會，意圖提高土地的市場價值，再以利誘吸引投資，使特別人士不勞而獲，結果所謀不成，計劃的財富成空，實際投資者包括蘇惠珍女士自己成為受害者，負擔損失，是另外一個例子。

雖然企業為了永續發展，遵守倫理，使相關各方面得到應得的利益，維持和諧依存的關係，應是最妥善的經營之道。但出於故意或迫於情勢，不顧道義，犧牲關係夥伴的利益，以成就自己的利益，或避免自己的損失，仍所在多有。這不僅影響國家的經濟成就，也傷害社會信任（social trust），使社會資本（social capital）減損，進一步不利於經濟發展。

大致一個社會追求自利的動機愈強烈，約束其人民行為的規範愈薄弱，法律愈缺乏效率，企業倫理就愈不容易維持。美國在過去十幾年前，由於新高科技的出現，經濟繁榮，股價高漲，很多企業人士貪圖近利，追逐股價，忘記價值的基礎在信任（trust）、忠誠（integrity）與公正（fairness），只有創造了實質價值，才會從中獲得經濟利益，終於發生2001年12月至2002年7月一連串的企業醜聞。

台灣的情形比美國猶有過之。過去五十年，台灣努力追求經濟發展，有很好的成績。然而經濟迅速成長，地價高漲，股價狂飆，使很多人迅速富有，很多人不勞而獲，很多人熱心於金錢追求，失去純樸、節儉、審慎的

傳統美德。經濟成長會使人更快樂嗎？學者有不同的意見。因為快樂是主觀的感受；所得增加使邊際效用降低，人不為已得到而滿足，反而因未得到而痛苦。然而經濟成長卻使人更自由。因為自由是選擇的範圍。經濟成長，可支配的資源增加，選擇的範圍隨之增加。人隨著經濟成長，物質方面的需要邊際效用日益減低，轉而追求更多精神方面的目標，自我意識膨脹。近年台灣有一句流行的廣告詞：「只要我喜歡，有什麼不可以！」然而社會由眾人組成，個人自由的擴充，終須以不妨礙他人的自由、不傷害社會機制的有效運作為限度。經濟愈進步，社會份子愈追求更多的自由，形成個體自由與群體秩序的矛盾。如果社會秩序敗壞到一定程度，經濟上的成就亦將無法維持，因此李國鼎先生說：「文化原為一個整體，因此一個國家不可能長期保有進步的經濟和落後的國民。」他所謂「落後」是指倫理上的落後（註3）。

註1：Adam Smith. *An Inquiry into the Nature and Causes of the Wealth of Nations*, the Liberty Classics edition of 1981, IV. ii. 9。

註2：同註1，I. i. 8。

註3：李國鼎，〈經濟發展與倫理建設〉，本文首見於1981年3月28日《聯合報》；李先生多種文集中都有收錄。

第二章 企業與倫理

企業應在符合倫理的原則下賺錢，同時促進社會的公益。因為財富的來源不是取諸他人，而是創造了新增的經濟價值，與他人分享。

經濟人與社會人

儘管我們同意孟子所說「人皆有惻隱之心」，也同意經濟學之父亞當‧史密斯：人的本性有利己的成分，也有利他的成分，因此我們不僅關心自己的幸福，也關心他人的幸福，然而每個人的人生畢竟要自己去過，沒人可以代替，只能從旁協助。

沒有人比我們自己更知道自己的欲望或自己想要的是什麼。經濟學所研究的正是精於計算的「經濟人」，在市場機制下，依據價格從事理性的選擇，以得到個人最大的利益，而非他人最大的利益。做為消費者，我們選擇以最少的花費得到最大的效用。做為生產者，我們選擇以最少的成本得到最大的利潤。做為工作者，我們選擇興趣所在、能力所及，可以得到最多酬勞的工作。每個人都如此選擇，使社會物盡其用，人盡其才，發揮最大的效果，為社會全體創造最大的福利。

史密斯在《國富論》中有下面一段話，常被引用：

我們得到晚餐，並非由於屠宰商、製酒者和麵包師傅的恩惠，而是由於他們認為對他們自己有利。我們是投其所好，而非訴諸他們的善心和好意。永遠不要告訴他們自己多麼需要，只告訴他們可以得到多少好處（註1）。

他又說：

通常他既無意去促進公益，也不知道促進了多少，他優先投資於國內產業而非國外產業，是為了自己的安全。他如此經營此產業以獲致最大的產值是為了自己的利得。他在此一情況和在很多其他情況下一樣，被一隻看不見的手所帶領，達成了他原本無意達成的目的。他無意於此亦非對社會不利，他追求自己的利益往往比有意促進社會利益更能有效達成社會的利益（註2）。

我們是否認為史密斯在這裡把世人說成太自私，只顧自己的利益了？如果換成一種相反的情形，人人不為自己，只為別人的利益著想，世界是否更美好，而人民可以得到更多的福利呢？古典小說李汝珍的《鏡花緣》中的「君子國」，為我們提供了一個很好的例子。故事中的主角唐敖、林之洋、多九公，飄洋過海來到「君子國」。「君子國」做生意討價還價的方式和我們相反。買方總是稱讚商品好，要求提高價格；賣方總是謙稱商品不好，現在開出來的價格已經太高，不同意再提高。我們可以猜想，賣方的定價是根據成本加合理的利潤，

買方希望支付的價格是根據商品的效用；賣方不願賺取所謂超額利潤（excess profit），買方不願接受所謂消費者剩餘（consumer's surplus）。如果雙方各自堅持，彼此的主張缺乏交集，交易根本無法成立。這樣的制度既不能使價格和利潤發揮有效調節資源產生最大經濟價值的效果，也不能使消費者得到最大可能的福利。所以表面上看起來，在市場上互相為對方的利益而讓，實際上不一定對社會全體更有利。反而不如讓每個人各自追求自己的利益和維護自己的利益。畢竟只有我們自己才最知道自己的利益所在。

史密斯這種個人追求自己的利益可達成公共的利益因而主張經濟自由的理論，在中國兩千多年前司馬遷的《史記》〈貨殖列傳〉中可以發現幾乎相同的說法。

司馬遷在〈貨殖列傳〉中，描寫了一個沒有政府干預的自由經濟，人民各自依照自己的專業努力工作，換取所需，社會也因而得到食品、礦產和工業產品，並有商業使之流通，調節有無。不必召喚就有人送來，不必要求就有人提供。某種商品的價格如果便宜了，供給就會減少，因而其價格會上漲。反之如果貴了，供給就會增加，因而其價格會下降。

司馬遷說：

人各任其能，竭其力，以得所欲。故物賤之徵貴，貴之徵賤，各勸其業，樂其事，若水之趨下，日夜無休時，不召而自來，不求而民出之。豈非道之所符，而自

23

然之驗邪？

司馬遷又說：

夫神農以前，吾不知已。至若詩書所述虞夏以來，耳
目欲極聲色之好，口欲窮芻豢之味，身安逸樂，而心誇
矜勢能之榮使。俗之漸民久矣，雖戶說以眇論，終不能
化。故善者因之，其次利道之，其次教誨之，其次整齊
之，最下者與之爭。

他還說：「天下熙熙，皆為利來；天下攘攘，皆為利
往。」熙來攘往，形成了我們這個勤勉忙碌的社會。

究竟利己之心強烈抑利他之心強烈？我們的社會應誘
導運用每個人的利己之心以達成公益？抑支配組織每個
人的利他之心以達成公益？大致資本主義相信前者，共
產主義或社會主義主張後者。究竟何者更有效，更能達
成希望的目的呢？

此外，我們不要忘記，雖然人在經濟活動方面精於計
算，努力追求自己的利益，然而正如史密斯所說的，人
的本性中，有利己的成分，也有利他的成分。史密斯在
他的《道德情操論》中開宗明義就說：

無論我們認為人如何自私，在他的天性中必然有若干
原則，使他關心他人的幸福和喜樂，雖然他從中並無所
獲，只不過樂於見到而已。這就是同情或憐憫，也就是

當我們看到或想到別人的不幸所感到的一種情緒。我們從他人的哀傷中感到哀傷，是顯而易見的事實，不需要任何證明。而且這種情操，像人性中其他原始的熱忱一樣，並不限於善良慈悲之士，即使窮凶極惡之輩與鐵石心腸的亡命之徒，亦非全無同情之心（註3）。

史密斯這段話很像我國的孟子。我們可能很難想像重義輕利的孟子和重視自利的史密斯對人性的看法，基本上並無不同。

孟子說：

人皆有不忍人之心。先王有不忍人之心，斯有不忍人之政矣…。所以謂人皆有不忍人之心者，今人乍見孺子將入於井，皆有怵惕惻隱之心；非所以內交於孺子之父母也，非所以要譽於鄉黨朋友也，非惡其聲而然也。（《孟子》〈公孫丑〉）

人並非只是精於計算、追求自利的「經濟人」，其實也是心存善念、關懷他人的「社會人」。如果缺少「經濟人」的精明與計較，我們恐怕很難獲得豐富的資源，以增進社會的福利。如果缺少「社會人」的關懷和推愛，恐怕也很難建立有效的制度，使每個人追求自利的活動可以有效達成公益。

審慎、公正與仁慈

史密斯在《國富論》中強調自利，由於個人追求自利，才促進整個社會的經濟利益。但他在《道德情操論》中表示自利雖然是一種重要的動機，但人的動機有多種，自利常受良心的節制，而且人的行為往往反映出慈愛與寬大等美德。

人不只關心自己的幸福（happiness），也關心他人的幸福。史密斯從我們對幸福的關心，引申出三種美德。史密斯說：

> 關心自己的幸福，教我們審慎（或穩健）的美德（the virtue of prudence）；關心他人的幸福，教我們公正（或公平）（the virtue of justice）和仁慈的美德（the virtue of beneficence）。在這兩種美德之中，前者約束我們不可傷害別人，後者勸勉我們要增進他人的幸福（註4）。

審慎是對自己生存發展條件的重視與維護。如果自己不存在，其他一切對我們都不再有意義；如果自己不能有適當的發展，也很難期待對別人、對社會有所貢獻。

在史密斯的思想中，審慎包含健康的照顧，財富的追求，以及地位與聲譽的建立。這些都是人生愉悅與幸福之所寄託與憑藉。我們生而飢思食，渴思飲，寒思衣，好喜樂而惡苦痛，都可以視為大自然的聲音，指示我們

如何趨吉避凶，以維護身體的良好狀況。顧好自己的身體，使其健康成長是自然賦予我們首要的任務。隨著年齡增加，方知要有足夠的財富，才能取得生活所需的資源和便利，以享受安樂，免於貧困。除了擁有足夠的財富，我們尚需要地位、聲望和尊敬。史密斯認為，地位、聲望和尊敬可能是我們所有欲望中最強烈的欲望。我們熱切追求財富固然是為了生活之所需，但更重要的是為了獲得名聲和地位。不過史密斯也指出，名聲、信譽和地位，並非全靠財富，更有賴於個人高尚的品格和行為，或人們對我們的信任、尊敬和善意（註5）。

用我國傳統的語言來表示，財富就是「利」，可稱為經濟價值，名聲和地位就是「名」，可稱為社會價值。利是自然的產物，名是社會的產物。不過照史密斯的說法，財富當中至少部分是為了社會目的而需要，並非為了生存目的而需要。對於個人而言，名和利是我們為了在社會上生存發展所追逐的目標。但對社會而言，則為引導社會上的個別份子，達成社會整體目標的手段。名韁利鎖支配我們的人生，有個人的目的，也有社會的目的，是幸福還是悲哀？

不過名利有其正面的社會功能，也有其反面的社會功能，要靠社會的力量，包括法律、倫理和政府的行政能力加以節制。

司馬遷在其《史記》〈貨殖列傳〉中有下面一段話：

富者，人之情性，所不學而俱欲者也。故壯士在軍，

攻城先登，陷陣卻敵，斬將搴旗，前蒙矢石，不避湯火之難者，爲重賞使也。其在閭巷少年，攻剽椎埋，劫人作奸，掘塚鑄幣，任俠併兼，借交報仇，篡逐幽隱，不避法禁，去死地如騖者，其實皆爲財用耳。今夫趙女鄭姬，設形容，挈鳴琴，揄長袂，躡利屣，目挑心招，出不遠千里，不擇老少者，奔富厚也。

雖然每個人都認爲自己的利益最重要，然後是其親人和有特殊關係的人。但在自然眼中，眾生平等，大家的利益都一樣；沒有人該爲自己的利益犧牲他人的利益。在現代福利經濟學中，如果一個人的福利減少，其他人的福利都增加，仍不能說社會的福利增加了。因爲福利是主觀的感受，我們無法以張三的幸福抵償李四的痛苦。只有每個人的利益都增加，或有的人利益增加但別的人福利未減少，才能說社會的福利增加了。

也許從社會觀點看，有些人的利益的確比別的人重要，但在一個公義的社會中，沒有人可以這樣主張；如果有的話，也許弱者應比強者得到優先的照顧。所以我們看災難發生時，總是婦孺成爲最先救助的對象。

因此，審愼雖然是一種美德，但是個人追求自己的健康、財富、名譽或地位時，不可傷害到別人的利益。不侵犯別人的利益就是公平，也可以叫公正。

史密斯將他所提出的三種美德，區分爲兩類。一類是對自己的影響，另外一類是對他人的影響，審愼屬於前者，公正和仁慈屬於後者。公正與仁慈屬於兩個不同的

層次。違背公正原則，侵犯他人的利益，社會應予制止或懲罰。但仁慈出於自願，社會只能期待，也許可以要求，但不能強迫。史密斯的《國富論》建立在審慎和公平的基礎上，不涉及仁慈的問題（註6）。

我們如果將史密斯的三美德和中國儒家對君子的期待加以比較。儒家雖然重視身體和名聲，但是並不重視財富。《孝經》上說：「身體髮膚受之父母，不可毀傷。」《論語》載：「曾子有疾，召門弟子曰：啟予足，啟予手。《詩》云：『戰戰兢兢，如臨深淵，如履薄冰。』而今而後，吾知免夫。小子。」（〈泰伯〉）

孔子最欣賞的弟子顏回，家貧，「屢空」，到了「一簞食，一瓢飲」的地步，但「回也不改其樂。」

孔子的另外一位弟子原憲，孔子死後，隱居於衛國的鄉野之間。他的老同學子貢相衛，結駟連騎去看他。《史記》〈仲尼弟子列傳〉有下面一段富於啟發性的記載：

憲攝敝衣冠見子貢。子貢恥之，（子貢可能在眾多隨行官員面前覺得沒有面子。）曰：「夫子豈病乎？」（老同學你怎麼啦，難道生病了嗎？）原憲曰：「吾聞之，無財者謂之貧，學道而不能行者謂之病。若憲，貧也；非病也。」（語氣之中，似乎有暗諷子貢「你才病了」之意。）子貢慚，不懌而去，終身恥其言之過也。

孔子自己也說：「君子喻於義，小人喻於利。」（《論

語》〈里仁〉）雖然如此，財富與人生畢竟有重大的關係。司馬遷在〈貨殖列傳〉中很感慨地說：「俗之漸民久矣，雖戶說以眇論，終不能化。」（財富腐蝕人心已經很久了，縱然拿玄妙的道理挨門挨戶勸說，終無法達成教化的目的。）他甚至說：「無嚴處奇士之行，而長貧賤，好語仁義，亦足羞也。」即使孔子對財富亦不加排斥。他最喜愛的弟子子貢就是一位成功的商人。〈貨殖列傳〉記載：「子貢結駟連騎，束帛之幣以聘享諸侯。所至，國君無不分庭與之抗禮。夫使孔子名布揚於天下者，子貢先後之也。此所謂得勢而益彰者乎？」司馬遷〈貨殖列傳〉這一段話和史密斯論財富和地位、名聲的關係，頗有神似之處。

中國儒家思想和史密斯所代表的西方資本主義思想在看待財富方面的差異，對經濟發展究竟有怎樣不同的影響，是一個很有意義的問題。不過由於經濟發展涉及很多複雜的因素，除了人生的價值和態度之外，尚有技術和制度等。即以價值與態度而言，也受技術與環境變動的影響，並非全為獨立的變數。因此我們對經濟發展應作全面、系統的觀察，不應根據單一因素，作簡化的結論。

倫理的誕生

談到倫理，讓我們先設想一種沒有倫理規範，人與人

各為自己的生存與利益相爭的「自然狀態」（the state of nature）。在這種情形下，雖然人人都可自由追求自己的利益，沒有道德的節制，也沒有法律的約束，但人人都是他人的敵人，只有體力最強、智力最高的人，才能打敗遭遇的敵人，達到目的。即令最強壯、頭腦最好的人也必須時時警惕、處處設防，提心吊膽，不過仍難免為人所乘。這種情況之下的人生當是何等悲哀。用十七世紀英國哲學家霍布斯（Thomas Hobbes）的話說：人生會是孤單（solitary）、貧乏（poor）、惡劣（nasty）、兇殘（brutish）與短暫（short）。任何有理性的人都會希望脫離這種你死我活、危機四伏的所謂「自然狀態」。

假定我們能遵守若干共同的原則，彼此節制自己的行為，雖然每個人的自由都受到若干的限制，但一般言之，每個人都會得到更多的自由；社會因而得到和平與秩序，使生產力提高，生活更富裕，也更豐富了生命的意義。

霍布斯認為這些共同原則係經由自然理性（natural reason）產生，他稱之為「自然律」（natural laws）。以下為若干與企業經營有關的自然律。

- 我們願給別人多少自由，就只能要求得到多少自由。
- 凡我不欲為之事，亦不要求他人為之。
- 凡我不欲他人如此待我者，亦不應如此待人。
- 我們應承認人皆平等。
- 我們應信守承諾，並履行業經同意的契約。

- 凡不可分割之物應共同享有。
- 如無法達成協議，應提請公斷。
- 法官應公正無私。

霍布斯的倫理論從自利出發，認爲自利是行爲的驅動力，就這一點而論，他的看法像《國富論》中的史密斯。不過進一步探討，他發現自利有其限制，沒有限制的自利根本不符合個人的利益。霍布斯的觀點可稱爲「開明式自利」（enlightened self-interest）（註7）。

人形成群體、組成社會之後，使生命在生物的意義之外，又有了社會的意義。生物的意義無非是個體的生存和群體的繁殖與延續。對若干生物而言，群體的繁衍似乎比個體的生存更重要，因爲，族群繁衍的任務完成後個體即死亡，例如：蠶。蠶成長後作繭自縛，然後化成蛾，破繭而出，交配、產子、死亡。有一種蜘蛛，雄性於交配後，常被雌性吃掉，這顯示繁衍族群的意義重於個體的生命。

然而人在社會中創造了更多的意義：人在社會中感到有貢獻、有成就、有情、有義、有愛、有歸屬感，也有各種世俗的報償，如：財富、地位、聲望、名譽等，讓我們感到生命豐盛。然而人生忙碌，不僅是爲了利，也爲了名聲和地位。所以史密斯的審愼美德，其審愼的對象除了身體的健康和財富，還包括地位和名聲。地位和名聲是人的各種欲望中最強烈的欲望。我們追求財富，一部分原因也是爲了地位和名聲。

縱然人由於「開明的」或「有遠見的」自利而組成社

會，但我們不可將社會看作只是利益的組合。如果從自利的觀點看社會，則我們無法理解社會的情義。畢竟，正如史密斯所說的，人性有利己的成分也有利他的成分。利己讓我們看到接受若干原則、組成社會的利益；利他讓我們在這些原則中看到善和美，於是更能從社會的互動中感到幸福。

過分強調自利，將倫理視為一種約束或一種規範，則在以自利為誘因的社會中，倫理常會淪為口號，而規範常遭逾越，最後只有靠法律節制惡行。由此我們可以體認，何以我國的孟子強調不忍人之心的利他胸懷，而荀子將人天生有各種欲望視為惡。孔子說：「道之以政，齊之以刑，民免而無恥。道之以德，齊之以禮，有恥且格。」（《論語》〈為政〉）我們看到當前社會上許多無恥的行為，當事人紛紛訴諸法律，覺得儒家的思想自有其重要的意義。

我國傳統的企業倫理

中國北方經商人家過舊曆年貼門聯，常寫「陶朱事業，端木生涯」，藉以彰顯或期許自己經營的風格。陶朱指陶朱公，就是幫助越王句踐打敗吳王夫差，後來去吳至齊做生意的范蠡。端木即端木賜，字子貢，是孔子的愛徒。司馬遷的《史記》〈貨殖列傳〉介紹了17位春秋末期到漢初有成就的企業家，最前面兩位就是陶朱公

和子貢。

越王句踐滅吳雪恥，范蠡當居首功。但他急流勇退，選擇離開越國。《史記》〈越王句踐世家〉載：

范蠡浮海出齊，變姓名，自謂鴟夷子皮，耕於海畔，苦身戮力，父子治產。居無幾何，致產數十萬。齊人聞其賢，以爲相。范蠡喟然歎曰：「居家則致千金，居官則至卿相，此布衣之極也。久受尊名，不祥。」乃歸相印，盡散其財，以分與知友鄉黨，而懷其重寶，間行以去。止於陶，以爲此天下之中，交易有無之路通，爲生可以致富矣。於是自謂陶朱公。復約要父子耕畜，廢居，候時轉物，逐什一之利。居無何，則致貲累巨萬。天下稱陶朱公。

《史記》〈貨殖列傳〉上又說陶朱公：

乃治產積居，與時逐而不責於人。故善治生者，能擇人而任時。十九年之中三致千金，再分散與貧交疏昆弟。此所謂富好行其德者也。

再說子貢。子貢才華洋溢，能言善道，幹練務實，善於經商，孔子說他「賜不受命而貨殖焉，億則屢中。」他在孔門弟子中最爲富有。雖然孔子因爲他「利口巧辭」，常挫一挫他的銳氣。例如問他和顏回誰比較優秀？子貢回答說：「賜也何敢望回，回也聞一以知十，

賜也聞一以知二。」(《論語》〈公冶長〉) 又如子貢有一次說：「我不欲人之加諸我也，吾亦欲無加諸人。」孔子說：「賜也，非爾所及也。」(《論語》〈公冶長〉) 但他是孔子最喜愛的弟子。我們讀《論語》，子貢和孔子之間的互動最多，子貢問過很多有智慧、有啓發性的問題。《史記》〈仲尼弟子列傳〉中，子貢占的篇幅最多。孔子去世前不久，子貢趕去見老師最後一面。孔子見到他說：「賜，汝來何其晚也！」孔子卒，弟子服心喪三年，畢，相訣而去。子貢獨「廬於冢上，凡六年，然後去。」司馬遷的〈貨殖列傳〉雖然未談到子貢經商的原則，但做爲孔子的愛徒，我們知道他必不會違背夫子的教誨。

〈貨殖列傳〉介紹的第三位企業家是白圭。白圭勤勉節儉，與員工同甘苦。他善於觀察產地的變化，看準了時機，採取行動「若猛獸摯鳥之發」。他說：「吾治生產，猶伊尹、呂尚之謀，孫吳用兵，商鞅行法是也。是故其智不足與權變，勇不足以決斷，仁不能以取予，彊不能有所守，雖欲學吾術，終不告之矣。」白圭觀察所得的理論，經過驗證，加以實踐。因此天下學做生意的人以他爲楷模。

西漢以來，儒家思想支配中國的主流價值。儒家重視義利之辨的觀念不僅引導所謂四民之首士的行爲，對一般庶民包括農、工、商，一樣有潛移默化的影響。孔子說：「不義而富且貴，於我如浮雲。」其實是普世的價值觀。我們如將利視爲史密斯的自利，義就是史密斯的

公平。任何自利的行為，如果侵犯了公平，不可能達到與公益一致的目標，自亦不會得到道德上的支持。所以我國自古有「童叟無欺」、有「貿易不欺三尺童，公平義取四方財」的明訓。做生意要「不欺」，要「公平」，要「義取」，創造價值才能賺取利潤。

安徽大學歷史系周曉光教授研究近代徽商的經營理念，認為是受新安理學的影響，按照儒家的道德規範從事商業活動。他指出徽商的經營理念包括以下四方面，即「以誠待人，崇尚信義」；「以義為利，義中取利」；「廣置田地，睦族敬宗」；以及「治生為先，澤潤親友（註8）」。

「以誠待人，崇尚信義」原是做人的道理。然而並非只有儒家才如此主張，也不是只有中國才如此主張，其實全世界都一樣。誠是不欺，不欺騙別人，也不欺騙自己的良心；信是說了話算數。不論做人或做事，誠實不欺，說了話算數，才能為人信任，願意繼續來往。

利和義常被看作是兩個對立的概念。其實出於語意上的混淆可能多於實際的衝突。《大學》：「國不以利為利，以義為利也。」領導國家的人如果貪圖私人的小利，利用小人從事聚斂，結果使國家受到傷害。因此不能以利為利，要以義為利。孟子見梁惠王，曰：「王何必曰利，亦有仁義而已矣！……」如果大家都追逐利益，引起爭奪，可能反而不利。所以孟子接著說：「未有仁而遺其親者也，未有義而後其君者也。」因此總結一句：「王亦曰仁義而已矣，何必曰利。」追求利益反

而失去利益，不如遵守公道正義，反而可以得到持久的利益。古人很少想到，不僅農業和工業可以生產經濟價值，使從事農工活動者得到利益，商業改變商品供應的時間或空間，也一樣創造了經濟價值，由此獲得的利益並非因為剝削了別人的利益，而是因為創造了增加的價值。

「廣置田地，睦族敬宗」仍是農業社會的思想。就社會全體而言，農地的數量大致是一定的。某一族群購置田地，別的族群必失去田地，這是土地的重分配，社會全體仍一樣。最後，「治生為先，澤潤親友」，頗有陶朱公的遺風。

山東聊城「山陝會館」有下面一副對聯：

非必殺身成仁問我輩誰全節義
漫說通經致用笑書生空讀春秋

做人不一定殺身成仁，但要問一問我們這些人，有誰保全節義？滿口說通曉經書，運用濟世，可笑讀書人空讀《春秋》，不能實踐。山陝會館是清乾隆年間山西和陝西的商人在聊城運河旁所建，大殿供奉關聖帝君。關羽並不做生意，甚至不是成功的武將，但他為人忠義誠信，是商人崇拜學習的典型。

台積電董事長張忠謀先生在一次接受電視訪問時說，他所信守奉行的價值，形成於兩個世代，也就是四、五十年以前。他相信禮、義、廉、恥、誠、信、勤勉、尊

敬長輩、回饋社會。他說這種中國儒家的信念，和西方其實並無二致。他在所主持的台積電公司努力維持這樣的價值，管理階層以身作則，加以實踐，形成公司的文化。

倫理能賺錢嗎

張忠謀先生早年在美國先後讀哈佛大學和麻省理工學院，從史丹福大學獲得博士學位，返台就任工業技術研究院院長前，曾任德州儀器公司資深副總裁。他從科技專家轉型為成功的企業家和專業經理人。

在台灣產業界有雄厚實力的所謂「台南幫」領袖吳修齊和吳尊賢先生，和他有完全不同的出身及生涯發展。他們都未接受完整的正規教育，自少年時期在傳統的商店接受學徒訓練，而終於創造了自己的事業。他們之所以成功，能力強固然是重要的條件，但品德好可能更為人看重。他們共同的人格特質是勤勉、誠信、寬厚、感恩，對父母孝，對公司忠。吳尊賢先生去世前不久，捐資為台灣大學興建國際學術活動中心，他在致辭時回憶早年捐錢助台大成立學術發展基金的經驗。他說：「要大學校長開口向人要錢，比要他的命都難。今後我們應更主動捐錢。」

「台南幫」另外一位領袖高清愿先生，和兩位吳先生有相同的特質。高先生創辦統一事業，用人唯德，進用

新人先看成績單，操行成績重於學業成績。他謙虛、誠懇、生活儉樸、公私分明，有強烈的責任感和成就動機，樂於服務，替人賺錢比替自己賺錢更熱心。

另外一位背景完全不同的資深企業家，和信集團的領袖辜振甫先生，出身顯赫之家，受有完整優良的教育，同樣以道德品質做為事業經營的基礎。他以「謙沖致和，開誠立信」為其經營哲學。他在其著作和多次公開講話中，都強調《論語》「不患人之不己知，患不知人也」的做人原則（註9）。

講倫理會讓企業賺錢嗎？答案如下：

第一，做生意而講倫理不是為了賺錢，是為了不賺不義之財。

第二，在符合倫理的原則下賺錢，同時促進社會的公益。因為財富的來源不是取諸他人，而是創造了新增的經濟價值，與他人分享。所以才會有史密斯的私利與公益和諧學說。

第三，符合倫理對賺錢有幫助，但並非一定賺錢。因為營利事業的成功還要看別的條件，例如：管理、技術和市場情況等。

註1：Adam Smith, *An Inquiry into the Nature and Causes of the Wealth of Nations*, the Liberty Classics edition of 1981, I. ii. 2。

註2：同註1，IV. ii. 9。

註3：Adam Smith, *The Theory of Moral Sentiments*, 1759；此處引自1989年台灣協志工業叢書版本，頁1。

註4：同註3，Conclusion of the Sixth Part, 頁376。

註5：同註3，Part VI, Section I, PP.302-303。

註6：同註1，頁19，此一部分是編者在General Introduction中對Smith的解釋。

註7：David Stewart, *Business Ethics*, McGraw-Hill, 1996, PP.6-10。

註8：周曉光，〈略論明清徽商的「儒道」經營理念〉，《孔孟月刊》，2004年1月28日，頁41-46。徽商是指明清時期徽州府所屬歙縣等六縣商人之鬆散組織，於明清時期「執商界牛耳三百多年」。

註9：以上對台灣多位企業家的介紹請參看孫震，〈台灣企業倫理的使命與重建〉，《台灣發展知識經濟之路》，三民書局，2001年，第22章。

第三章　倫理的理論

孔子、孟子和荀子都不曾為善惡下一個明確或一般化的定義，那麼他們根據什麼標準評定善惡是非？我們又應如何判斷？倫理的理論為我們提供若干原則，以供判斷。

性善與性惡

孔子罕言性。子貢曰：「夫子之文章可得而聞也。夫子之言性與天道，不可得而聞也。」（《論語》〈公冶長〉）孔子只說：「性相近也，習相遠也。」（《論語》〈陽貨〉）就是說，人先天的本性都差不多，但後天的環境、學習與感染使差異擴大。孔子在這裡未談到人性善惡的問題。孔子之後，孟子認為人性本善，荀子認為人性本惡。

現在先說孟子。孟子說：「人性之善也，猶水之就下也。人無有不善，水無有不下。」（《孟子》〈告子〉）

何以證明人性本善？上章曾引《孟子》孺子將入於井的故事。孟子說：

由是觀之，無惻隱之心，非人也；無羞惡之心，非人也；無辭讓之心，非人也；無是非之心，非人也。惻隱之心，仁之端也；羞惡之心，義之端也；辭讓之心，禮

之端也；是非之心，智之端也。人之有是四端也，猶其有四體也…。（《孟子》〈公孫丑〉）

他在別的地方也說：

惻隱之心，人皆有之；羞惡之心，人皆有之；恭敬之心，人皆有之；是非之心，人皆有之。惻隱之心，仁也；羞惡之心，義也；恭敬之心，禮也；是非之心，智也。仁、義、禮、智，非由外鑠我也，我固有之也，弗思耳矣。（《孟子》〈告子〉）

由此可知，孟子是將仁、義、禮、智當作善。仁者愛人，仁是一種推愛之心；推己及人；推我心，愛他人。不僅愛我們自己的人，也愛別的人。義是做事遵循公平正當的原則，不做違背良心的事。孔子說：「不義而富且貴，於我如浮雲。」又說：「邦有道穀；邦無道穀，恥也。」（《論語》〈憲問〉）用現在的話說就是：國家有道，拿政府的薪水是正當的；國家無道，拿政府的薪水是可恥的。孟子對梁惠王說：「王何必曰利，亦有仁義而已矣。」禮是行為有一定規矩，與人和諧相處，不與人爭。孔子說：「君子無所爭。必也，射乎？揖讓而升，下而飲，其爭也君子。」（《論語》〈八佾〉）智是明辨是非，不做不正當的事。孔子說：「知者不惑。」（《論語》〈子罕〉）
我們自小念前面孟子所說的話，可能因為孟子是大思

想家、大哲學家，被尊為亞聖，所以很少加以懷疑。其實我們從「今人乍見孺子將入於井，皆有怵惕惻隱之心」，只能引申出不忍人之心（仁），並不能引申出羞惡之心（義）、辭讓（或恭敬）之心（禮）和是非之心（智）。也許只能用史密斯的話來說：「是顯而易見的事實，不需要任何證明（註1）。」

荀子說：「人之性惡，其善者偽也。」他接著說：

今人之性，生而有好利焉，順是，故爭奪生而辭讓亡焉；生而有疾惡焉，順是，故殘賊生而忠信亡焉；生而有耳目之欲，有好聲色焉，順是，故淫亂生而禮義文理亡焉。然則從人之性，順人之情，必出於爭奪，合於犯分亂理，而歸於暴。故必將有師法之化，禮義之道，然後出於辭讓，合於文理，而歸於治。用此觀之，人之性惡明矣，其善者偽也。（《荀子》〈性惡〉）

荀子這段話翻譯成白話是說人天生愛好利，順著這樣的性子發展下去，就會出現爭奪、失去辭讓。人天生厭惡不利，順著這樣的性子發展下去，就會出現殘害，失去忠信。人天生有耳目之欲，追求聲色的滿足，順著發展下去，就會出現淫亂，失去禮義和規矩。由此可知，如果順從人的本性，一定會發生爭奪，以致逾越分際，破壞規則，而終於導致暴亂。因此必須有師長加以教化，禮義加以引導，然後才會表現辭讓，循規蹈矩，而達成秩序。這樣看起來，人之性惡已經很明白了，其善

則是僞造的。

荀子批評孟子不知性僞之分。荀子說：「不可學、不可事之在天者謂之性，可學而能、可事而成之在人者謂之僞；是性僞之分也。」我們通常將僞解釋爲虛僞、虛假、假裝，是一個負面的字。不過僞本來的意思是人爲，是天生的相反詞。如果採取後一解釋，則荀子所說的「人之性惡，其善者僞也。」其實就是說：人天生的本性是惡的，其所表現出來的善，是在後天的社會、文化環境下，教養學習的結果。這樣我們應不會對「其善者僞也」的說法，感到突兀和難以接受了。

根據上引荀子「人之性惡，其善者僞也」的文字，我們應可確定地說：荀子所謂惡是指人與生俱來趨吉避凶、好逸惡勞的本性和各種欲望；他所謂善是指辭讓、忠信、禮義與文理。然而他在文中卻說：「凡古今天下之所謂善者，正理平治也；所謂惡者，偏險悖亂也。」

我們如果將人的行爲從心念初動，到見諸行動，到達成結果，劃分爲三個階段，則「正理平治」和「偏險悖亂」都只是中間階段（intermediate steps），最終的關懷不論荀子和孟子，都應是對社會全體福利的影響；正面的影響屬於善，負面的影響屬於惡。由此觀之，「正理平治」是達成善的步驟，「偏險悖亂」是導致惡的步驟。至於人的心念初動，有利己的動機，也有利他的動機。利己是因爲追求自己欲望的滿足，利他照史密斯的說法是因爲將心比心、易地而處的一種投射，看到別人幸福自己也感到幸福，別人遭遇不幸自己也感到不幸。

人的利己之心如果太強烈，因而傷害到社會上的「理」（條理、規則）和「治」（秩序、和諧），固然會導致全體福利之損失；但如自己的基本欲望也不能滿足，如何生存、發展，並謀求社會的福利呢？因此我們怎能將人與生俱來的本性和欲望當作惡呢？

討論過孟子性善與荀子性惡的主張，再回想上章對史密斯利己、利他，以及審慎、公平與仁慈三種美德的討論，我們應可明白看出史密斯和中國兩位前輩思想家的異同。

史密斯認為，人的本性中有利己的成分，也有利他的成分，而利己的意圖較利他的意圖強烈。因此他寧願有一種經濟制度（市場經濟制度），藉個人追求自利的動機，促成社會全體的利益。

孟子雖然不否認人性之中有利己的成分，但他強調利他之心人皆有之，因而主張發揮人與生俱來的善端、善念，為社會群體的利益而努力。

比較孟子和史密斯的思想，我們十分驚訝地發現，一向被視為主張自利的史密斯，其對人性之中利他的胸懷，尤其是對兒童幸福的關注，竟和重視仁心義行、避談利己的孟子，幾乎完全一樣。我們很自然地會想到，何以中國儒家的先聖先賢不去注意人性中顯而易見的自我關懷？答案應該很明白，人已經很重視自己的利益了，不宜再加強調，給予太多的正當性（justifica-tion）。何況孔孟之道，原是說給「君子」聽的，「君子」得道兼善天下，不得道獨善其身，自不能鼓勵其追

求自利。

至於荀子，荀子和史密斯一樣，都強調人性中自利的部分，但和史密斯不同的是，他將自利視爲惡，因而主張以教化、規範和制度加以匡正和引導。這會否讓我們想起司馬遷在《史記》〈貨殖列傳〉中的話：「俗之漸民久矣，雖戶說以眇論，終不能化。故善者因之，其次利道之，其次教誨之，其次整齊之，最下者與之爭。」

倫理的理論

孟子認爲人性本善，荀子認爲人性本惡，然而究竟何謂善（good）、何謂惡（evil）？何謂是（right）、何謂非（wrong）？如果追求自己欲望的滿足是惡，爲什麼史密斯認爲照顧自己的健康、財富與名聲是一種美德？如果關心與照顧他人的利益爲善，爲什麼墨子兼愛，孟子說他「是禽獸也」？孔子、孟子和荀子都不曾爲善惡下一個明確或一般化的定義，那麼他們根據什麼標準評定善惡是非？我們又應如何判斷？倫理的理論（ethical theories, moral theories）爲我們提供若干原則，以供判斷。

一種理論是目的論（teleological theory）。目的論以行爲的後果做爲判斷善惡或行爲好壞的標準。一種行爲如果產生好的後果就是好的行爲，如果產生不好的後果就是壞的行爲。不過緊接著的問題是：什麼是好的後果？

對什麼人而言是好的後果？目的論的主要思想是英國哲學家邊沁（Jeremy Bentham, 1749-1832）和經濟學家穆勒（John Stewart Mill, 1806-1873）的功利主義（utilitarianism）。

不過以後果或目的論是非有一個重要問題，就是錯誤或卑鄙的手段不因目的正當而可以得到肯定。也就是我們常常聽說的：「不能以目的端正手段。」（Ends justify means.）。歷史上有很多罪惡以崇高的目的為藉口而進行，固不論此一目的是否真的崇高。

最近幾年台灣經濟衰退，失業增加，媒體有時報導年輕人為了母親生病或嬰兒奶粉缺錢而搶劫超商。照顧生病的母親或嗷嗷待哺的嬰兒無疑都是善，但不能因此使搶劫成為正當的行為。然而如果說搶劫的行為不對，是因為傷害到別人的利益，那麼何以孔子不認為「其父攘羊，其子證之」是對的，而說「父為子隱，子為父隱，直在其中矣」？

傳統短篇小說蒲松齡的《聊齋誌異》首篇〈考城隍〉，說的是一位書生夢中為人請去，參加考試。他以「有心為善，雖善不賞；無心為惡，雖惡不罰」之句，獲眾考官欣賞，而被錄取，派至某地擔任城隍，始悟已死。某生要求尚有老父要奉養，希望延期赴任。座中主考官似乎是關聖帝君，命查「生死簿」，其父尚有九年陽壽，因准其九年後赴任，由另一考生代之。

「有心為善，雖善不賞；無心為惡，雖惡不罰。」可以說是《聊齋誌異》全書的主旨。這句話的意思是說：

凡是善的事就該去做,不是爲了任何目的。如果爲了某種好處才行善,雖行善亦不獎賞。反之如果不是出於故意而誤犯惡行,雖然是惡行也可以原諒。故事中的神仙考官,肯定這位書生以這樣的原則審判人間善惡。因此善惡之別,不能只看後果,必須另找判斷的標準。

德國的哲學家康德(Immanuel Kant, 1724-1804)猶如我國《聊齋》〈考城隍〉中的某生,不以行爲的後果論是非,而強調行爲者的原則。康德提出「普遍性」(universality)爲衡量行爲的標準。「普遍性」是指對所有人都一體適用的原則,沒有例外。「己所不欲,勿施於人」就是種普遍性原則。上章所列霍布斯的自然律也都符合普遍性原則。由於此一原則是理性的原則(a principle of reason),就應當作義務(obligation)或責任(duty)來遵守,不是爲了別的目的,所以被稱爲義務論(deontological theory)。

第三種理論是美德論(virtue theory)。無論目的論或義務論,都是晚近發展的理論。義務論的代表康德、功利論的代表邊沁和穆勒,都是十八世紀或十九世紀的人物,但人類文明在他們之前已有數千年的歷史。人並非先有了理論才行動,反而是研究行爲的模式才發展出理論。美德論主張從聖賢豪傑的行爲中尋找行爲的典範,據以陶鑄個人的品格,砥礪共同維護的道德價值,形成美好的文化傳統。例如:孔子祖述堯、舜、周公,推崇伯夷、叔齊,孟子言必稱孔子。由於共同接受的標準或原則難覓,基督教相信神的旨意,個人主義(individualism）主張個人的目標至上，集體主義（collectivism）主張群體的目標優先，我們只有從實踐中尋找學習的榜樣。美德論應用到企業倫理方面，即爲建立優良的公司文化（corporate culture），大家共同遵守。

以下分項細說上述三種倫理的理論。

壹、功利主義

功利主義（utilitarianism）所謂的功利，就是經濟學中的效用（utility），因此功利主義也可以說是效用原則（the principle of utility）。經濟學者都知道，所謂效用是指我們從所得到的事物或達到的目的中感到的滿足。效用產生價值，不過價值有兩種，就是「固有價值」（intrinsic value）和「工具價值」（instrumental value）。前者是指事物或目的本身即具有我們所期待或可享受的價值，後者是指事物或目的本身並無固有價值，但可藉以獲得固有價值的價值。因此，固有價值是我們所追求的「最終目的」（ultimate end），工具價值只是達成最終目的的「中間目的」（intermediate end）或手段（means）。功利主義以行爲所獲得的固有價值或所達到的最終目的做爲判斷行爲好壞的標準。

那麼我們如何衡量固有價值？邊沁認爲，我們的固有價值就是「喜樂」（pleasure），而喜樂的反面是「痛苦」（pain）。在邊沁的理論中，喜樂和痛苦可以計算。一種行爲如果其所產生的喜樂大於其所產生的痛苦，就是好的行爲；反之如果痛苦大於喜樂，就是不好的行爲。不

過邊沁並非主張個人的喜樂，而是主張社會上最大多數人最大的喜樂（the greatest net pleasure for the greatest number of people）。

在邊沁之後，穆勒以「幸福」（happiness）的概念取代喜樂。功利主義追求最大多數人最大的幸福。幸福和喜樂有什麼不同？在穆勒原始的意義中幸福就是喜樂。他說：「幸福是指只有喜樂沒有痛苦，而不幸福（unhappiness）是指只有痛苦沒有喜樂（註2）。」不過進一步思考，喜樂含有物質欲望得到滿足的意義；喜樂是一時的，喜樂在邊沁的理論中可量化而加以計算。但幸福包含精神的成分，而精神上的幸福比物質上的幸福更重要。穆勒說：「寧為不滿足之人，不為滿足之豬；寧為不滿足之蘇格拉底，不為滿足之傻瓜（註3）。」幸福不能計算。幸福是終身追求的目的，而在達成的過程中，並非一定有喜樂，甚至從世俗的眼光看可能尚有痛苦。這樣的說法是否讓我們更能了解孔子所說的：「飯疏食，飲水，曲肱而枕之，樂亦在其中矣！不義而富且貴，於我如浮雲。」以及「一簞食，一瓢飲，在陋巷，人不堪其憂，回也不改其樂。賢哉回也！」（《論語》〈雍也〉）

由於以上的區別，邊沁的功利主義被稱作「喜樂功利主義」（hedonistic utilitarianism），穆勒的功利主義被稱作「理想功利主義」（ideal utilitarianism）。

功利主義譯成中文，望文生義，很容易引起誤解。因為功利二字讓人很自然地想到事功上的成就與各種世俗

的利益，特別是經濟利益，更通俗地說，就是金錢利益。於是功利主義給人的直覺印象，就是追求個人事功成就與金錢利益，而且是急功近利的行爲。這當然是一種誤會。

從前文對邊沁和穆勒的介紹，我們已經知道，功利主義並非追求行爲者自己的利益。行爲的目的如果只爲了自己的利益就是利己主義（egoism），例如楊朱。反之，行爲的目的如果只爲了自己以外其他人的利益，就是利他主義（altruism），例如墨翟。孟子說：「楊子取爲我，拔一毛而利天下，不爲也。墨子兼愛，摩頂放踵利天下，爲之。」（《孟子》〈盡心〉）

功利主義根據行爲的社會後果判斷行爲的正當性，有好的後果是好的行爲，反之是不好的行爲。然而我們如何得知行動所發生的影響？尤其這種行動的影響愈廣泛，時間愈久長，愈不容易全盤了解。我們根據衡量行爲後果的方法不同，可以區別兩種不同的功利主義，即行動功利主義（act utilitarianism）與規則功利主義（rule utilitarianism）。

行動功利主義是根據每一行動衡量其對社會全體產生的後果，即好的後果與壞的後果抵消後的淨結果。這根本是無法做到的工作。最基本的問題是如何衡量每個人的重要性？雖然功利主義對社會上每一份子都平等看待，但幸福是主觀的感受，每個人都感到自己的利益最重要，而且同樣行動對不同的人有不同程度的影響。功利主義主張最大多數人最大的利益。難道少數人是應該

犧牲、可以犧牲的對象？以台灣的例子來說，處於少數地位的原住民可以成為政府政策下的犧牲者嗎？在這一方面，我們也許特別會感到孟子所說的「行一不義，殺一不辜，得天下不為」的仁慈胸懷與重大意義。在現代福利經濟學（welfare economics）中，如果有一個人的福利減少，其他人的福利都增加，也不能證明全體的福利是增加了。古人也有「一人向隅，舉座不歡」的說法。只有在沒有人福利減少而有人福利增加的情形下，才能說全體的福利增加了。

規則功利主義主張行動按照一定的規則，如果符合這些規則，就會達到理想的目的。這些規則有正面或積極的（positive）規則，也有負面或消極的（negative）規則。積極的規則希望我們去做，消極的規則禁止我們去做。前者如信守承諾，後者如不可偷竊。可是我們根據什麼得到這些規則？可能是神的旨意，可能是聖賢的教訓，可能是歷史上受人崇拜尊敬的偉大人物所樹立的典範，也可能是世代相傳生活中不斷學習的經驗。倫理的理論應如何將這些規則加以理論化呢？

貳、康德的道德哲學

德國的哲學家康德不同意功利主義的理論。他認為一種行動的是（rightness）非（wrongness）不在於該行動所引起的後果，而在於行動者的意圖（intentions）和動機（motives）。如果是好的行為，就該義無反顧地去做。因此，道德是一種責任，一種義務。

　　那麼什麼是好的行為？行為的好壞既然不能由其後果判斷，就必須提供一種準則（maxim），一種行為的指標，一種為人處世之道，做為行動的依據。康德是邏輯學教授，他在倫理方面的分析也和在邏輯方面的分析一樣，尋求一種在所有情況都適用而沒有例外的原則。於是他提出兩個原則：一個是普遍性（universality），即對所有具有理性的人（rational persons）都一體適用；一個是必需性（necessity）或一致性（consistency），即自己也不能成為例外。例如我們不應說謊，我自己也不應說謊。我們欠債應還錢，我自己欠債也應還錢。由於大家都遵守前一原則，所以我們說話才有人相信；由於大家都遵守後一原則，所以需要時才有地方借錢。我們如稍加引申也可以說：因為絕大多數的人都欠債還錢，才給極少數的人借錢不還的機會。

　　康德認為，行為準則由於具有普遍性，所以成為至高無上的絕對命令（categorical imperative）或無上令，人人都得遵守。無上令雖然只有一個，但是可有多種不同的形式（dimensions）：

　　第一，行為所遵照的準則應為普遍律（universal laws）；這是一致性原則。

　　第二，永遠把人當作目的來尊重，不可僅當作手段來利用；這是公平與尊重原則。

　　第三，行為必須出於自願，亦即出於自由選擇與自我節制，不是出於強制；這是自由選擇原則。

　　康德的無上令為一沒有特定內涵的、一般化的形式原

則（formal principle），因而可以指引我們超越不同文化之間常有的矛盾與迷亂，決定我們的道德責任，而不必去看行動的後果如何。不過正因為康德不重視行為的後果，所以常被認為光靠普遍原則尚有不足，畢竟行為的後果仍是很重要的。

康德的普遍性原則，在我們面對的道德義務有所衝突時，也會感到不足。我們最困難的道德決定是不得不在矛盾的責任中加以選擇：我們應不應該說謊以救人一命？我們應該如何在對股東的責任，和對社區、員工與顧客的義務中求取平衡？有沒有一種情況會讓我們犧牲個人的權益以成就更大的利益？我們應否違背自由演講的原則，對可憎的演講加以限制？

康德的道德哲學和我國的儒家思想，有相同之處也有不同之處。在相同方面，康德和孔子都重視行為的原則勝於行為的後果。凡對的事情就該去做，不管其後果如何。孔子不肯曲道以求容，甚至離開他的母國，放棄可以治國平天下的機會。不過孔子離開魯國可能對中國、對世界有更大的貢獻。功利主義以後果判斷是非，其實後果本身也是很難判斷的。其次，孔子所重視的恕，也很符合康德的普遍性原則。子貢問孔子：「有一言而可以終身行之者乎？」孔子說：「其恕乎！己所不欲，勿施於人。」（《論語》〈衛靈公〉）

不過儒家思想和康德有一很大的不同，就是在根本上，康德的道德原則是普遍性，而儒家的道德原則則有差別性。一個最現成的例子，就是《論語》「其父攘

羊」，「父為子隱，子為父隱，直在其中」的故事。

《孟子》也有一個故事：

桃應問曰：「舜為天子，皋陶為士，瞽瞍殺人，則如之何？」

孟子曰：「執之而已矣！」

「然則舜不禁與？」

曰：「夫舜惡得而禁之？夫有所受之也。」

「然則舜如之何？」

曰：「舜視棄天下猶棄敝蹝也，竊負而逃，遵海濱而處，終身訴然，樂而忘天下。」（《孟子》〈盡心〉）

瞽瞍是舜的父親，皋陶是公正無私的法官。殺人者死，或至少要服相當的刑責，是古今中外都同意的原則。舜是歷史上有名的聖君。然而在上述虛擬的情節中，他一方面表示尊重司法，一方面放棄帝位，背負自己的父親逃獄，享受天倫之樂。我們應稱讚他的孝心和視富貴如浮雲呢？還是譴責他的妨害司法和違反公平呢？這個故事反映了儒家差別性的道德原則，當犯罪者是自己的家人時，（不論「攘羊」或「殺人」）就會依據不同於一般的原則行事。

康德的道德哲學和我國儒家思想的對比，透露了兩個有趣的問題，值得進一步探討。一個是不同倫理的優先次序問題，一個是普遍主義與特殊主義的問題。

先說倫理優先次序的問題。社會由許多不同的組織構

成，例如家庭、公司、政府、非政府組織等，各爲一大小不同的系統。每一系統有其自己的目的和倫理規範，要求其組成份子順從，否則即難維持系統的整合與效率，妨礙其目的之達成。

社會這個大系統之所以能順利運轉，其中各個次系統、小系統能夠各得其所，發揮自己的功能，不相扞格，彼此衝突，基本上靠兩個原則：即在縱的方面，較高層次系統的倫理要求有較優先的地位；在橫的方面，較重要的倫理要求有較優先的地位。根據前一原則，法律應有優先的地位，根據後一原則，父親的性命應有優先的地位，因此在「瞽瞍殺人」故事中，發生倫理的衝突。我們必須說，舜的選擇不是很禁得起批判。但在現實生活中，的確有若干情況，康德的普遍性原則很難一體適用。

再說普遍主義與特殊主義的問題。特殊主義（particularism）是說我們對關係不同或親疏近遠不同的人，有不同的態度和原則，例如我們對家人親友樂於相助，對不相干的人則漠不關心，甚至視爲可加以利用或犧牲的對象。普遍主義（universalism）則是對所有識與不識的人都適用相同的原則。一位外國人描述台灣：「有關係就沒有關係，沒有關係就有關係。」這正是特殊主義最傳神的寫照。不過根據史密斯的觀察，在法律與制度不健全的農牧社會，同一家族的人傾向集居在一起，維持密切的關係，以維護自己的安全與利益；但在法律與制度完備的現代社會，人民所到之處都得到充分的保

障，親族之間的關係乃逐漸疏遠，融入廣大的社會。究竟特殊主義的思想妨礙中國傳統社會的現代化呢？還是因為尚未充分現代化所以仍有特殊主義的思想？

參、亞里士多德的美德論

功利主義以後果判斷是非，康德以準則代替結果。不論用後果或準則判斷行動的是非都有其限制，也有其不利的影響。我們如果過分重視行為的後果，或行動的目的，則很容易忽略了原則，甚至為了達到目的，犧牲原則，不擇手段。唯如過分重視原則，則可能失去目標，失去努力的誘因，以致降低效率。這似乎正是現代西方文化與中國傳統文化難以求取平衡之處，也為未來世界文化發展提供了思索的方向。

希臘哲學家亞里士多德（Aristotle, 384-322B.C.）在兩千多年前就主張從歷史上我們所崇拜敬仰的聖賢豪傑身上學習他們的榜樣。以我國的情形而言，有諸葛亮的忠，關羽的義，岳飛的精忠報國；反面的例子則有曹操的奸，秦檜的陷害忠良。不論歷史的真相如何，正面的榜樣就是「是」，就是「善」，就是「美德」；反面的榜樣就是「非」，就是「惡」。正面的榜樣應該學習與實踐，反面的行為應該予以唾棄。

中正大學中文系謝大寧教授在〈讓語文教育和經典教育走上正路〉一文中說：「《三國演義》讓大家不敢當曹操（註4）。」我們不是計算出結果才能辨別是非，也不是有了一般化準則才能判斷是非。

亞里士多德在分析倫理生活時，提出一個簡單但重要的問題，即什麼東西我們係因爲其本身的關係而想獲得？什麼是好的？「什麼東西我們永遠因其本身而非其他東西之故而欲獲得？」他的答案是幸福。亞里士多德所謂幸福並非轉眼即逝的情緒反應，而是我們在理性思考節制下，想要過的一種生活狀態，一種我們依理性與謙卑所踐履的人生。

　　進一步分析，幸福是人在一生中能活出來的一種生活品質。幸福不是一、兩個月就可達成的東西，追求幸福是一輩子的活動。亞里士多德說：「一隻燕子不會構成夏天，同樣一天或短期間也不會使人得到幸福。」

　　幸福的另一性質是不能直接得到，幸福是由我們直接尋求的其他目標獲致，例如我們欲求幸福則必須有足夠的財富以免於貧窮，我們需要健康以免於疾病與殘障，我們需要在工作上成功，我們需要朋友等等。

　　亞里士多德將美德或卓越（excellence）分爲兩種，一種是知識上的美德（intellectual virtue），一種是道德上的美德（moral virtue）。前者可學而得，後者只有在持續的實踐中才能獲得。

系統倫理

　　二○○一年3月29日，吳京院士在台北市國家圖書館安排了一場演講，由韓光渭院士講「系統倫理與國防科技」，我應邀參加討論，得以聆聽韓院士的精采演講。

　　韓院士在演講中說，系統是為達成一定目的，將許多互異的個體按一定計畫組成的整體。系統倫理是人與所屬系統之間，以及系統與系統之間，正常關係的道德原則和行為規範。系統內的個別份子，必須遵守一定的行為規範，扮演好他在系統中設定的角色，與其他份子維持和諧互助的關係，使系統的目的得以有效達成。

　　韓院士是工程師，他將成功研發飛彈系統領悟出來的倫理概念應用到社會組織方面。在社會組織方面，家庭是一個系統，公司是一個系統，國家也是一個系統，大大小小形形色色的組織和團體都是系統；組織與組織之間、系統與系統之間也構成系統的關係。我們試想，這麼多組織或系統，各有其自己的目的，如果個人的行為沒有一定的規範，不遵守一定的道德原則，如何可能和諧、有效地運作，最後達成社會整體的目的？

　　不過倫理在社會系統和工程系統中有一個很大的不同，就是在工程系統中，系統的目的具有優先地位，系統中的份子，必須為達成系統的目的服務，否則即不應加入此一系統；但在社會系統，特別是家庭和國家兩個系統中，究竟系統或群體的目的抑組成份子或個體的目的具有最終目的的地位？不是一個容易答覆的問題。對個人來說，家庭是一種手段，國家也是一種手段，用以有效達成個人生存發展的目的，但個人若不遵守若干規範，放棄某些目的至某種程度，系統或群體即無法有效發揮其手段的功能。個體的目的與群體的目的如何兼顧？如何求取平衡？是群我倫理需要研究的主要課題。

　　　　　　　　（孫震，《人生在世》，聯經，2003年，頁40-41）

系統倫理與最終目的

我在〈系統倫理〉一文中談到，從工程觀點看系統倫理與從社會觀點看系統倫理，有一個很大的不同。對前者而言，倫理的最終目的明確，即系統整體的目的，例如如何以有效的手段達成工程的目標。但是對後者而言，究竟整體的目的是最後目的，抑構成此整體之個體的目的才是最後的目的，往往有很多爭議。例如集體主義強調整體的目的，個人主義重視個體的目的。

以國家和個人的關係而言，國家的目的主要在於維持安全、進步、生活與文化傳統、追求幸福。為了這許多整體的目的，不得不對個體的目的約束到某種程度，例如人民要繳稅、要當兵、要節制自己的行為以符合國家的法律與社會的規範。可是究竟是個人為國家而存在？還是國家為個人而存在？如果國家不能達成個人的目的，那麼我們為什麼組成國家，讓政府騎在人民的脖子上？

姑不論現代民主國家。兩千多年前的孟子就說過：「民為重，社稷次之，君為輕。」社稷是國家，君是政府。當孟子被問到：「臣弒其君，可乎？」他說：「賊仁者，謂之賊；賊義者，謂之殘。殘賊之人，謂之一夫。聞誅一夫紂矣，未聞弒君也。」一向被視為忠君愛國表率的孔子說：「危邦不入，亂邦不居。」孔子也說過：「道不行，乘桴浮於海。」也許我們可以說，中國春秋戰國時期國家的概念和今天的國家是不同的。誠然。然而在今天國家的觀念下，不是一樣有很多人，特別是受國家栽培之恩最深厚的人，去父母之邦到別的國家謀生、求發展嗎？

有一年我在紐約參加一場華族留美史的研討會，一位留美前輩感嘆，他年輕的時候到美國留學，一生未對台灣和大陸做過貢獻。我就用孔子的話安慰他。畢竟個人有權追求自己最大的

幸福。國家平時必須通過教化系統，培養國民愛國家、愛同胞、愛鄉土、愛文化的情操，而且還要有一個可尊敬的政府，才能指望在危難的時候，有人挺身出來，拋頭顱、灑熱血，犧牲個人的目的，以成就國家的目的。就這一點而言，古今中外都一樣。

在國家系統中，一個極端是國家整體，另外一個極端是個人，二者之間有家庭，有各個自願或非自願不同層次的系統，各自為其自己系統的目的形成一定的行為規範，要求其組成份子加以順從。某個系統的規範如得不到其組成份子的遵守，這個系統就不能順利運作。如果規範太嚴苛，個別份子自己的目的就要受到很大的限制。這些不同層次、大大小小的系統，共同構成國家整體的系統，也形成錯綜複雜的倫理體系。這樣一個龐大複雜的體系能夠順利運轉，其中各個次系統能夠各自發揮作用，各得其所，基本上要靠兩個原則：一個原則是，從縱的方向看，較高層次系統的目的有較高的優先地位。另外一個原則是，從橫的方向看，較重要的目的有較高的優先地位。這兩個原則說來很簡單，但在現實生活中是很難加以辨別的。

（孫震，《人生在世》，聯經，2003年，頁42-44）

註1：Adam Smith,*The Theory of Moral Sentiments*, 1759；協志
　　版，頁1。

註2：David Stewart, *Business Ethics*, McGraw-Hill, 1996, P.76。

註3：同註2，P.78。

註4：《經典與人文》，上善人文基金會出版，2004年3月，頁24-
　　27。

第四章 企業與顧客

如果說顧客是企業的衣食父母，從交易雙方皆自市場中獲利的觀點看，顯然太誇張了。不過，以誠實的態度善待顧客，滿足他們的需要，贏得顧客對公司的忠心，是企業經營長期中最好的政策。

企業以服務顧客為目的

企業從顧客的購買中獲得收入，支付成本，賺取利潤。因此，服務顧客，讓顧客感到滿意，是企業經營成功最重要的因素。全球華人競爭力基金會董事長石滋宜博士在他的《總裁學苑》電子報中不斷強調，「應以追求百分之百的顧客滿意為目標」；要傾聽顧客的聲音，針對顧客的需要設計，提供顧客真正需要的產品或服務；甚至要走在顧客的前面，創造顧客想像不到的產品或服務，以開發並滿足他們潛在的需要。

台灣有名的企業家宏碁公司的創辦人施振榮先生說，他將顧客的利益放在最優先的地位，其次是員工的利益，然後是股東的利益，最後才是他自己的利益。只有顧客得到最好的對待，員工的利益得到照顧，公司才會賺錢。他在《再創宏碁》一書中有下面一段話：

企業價值的高低，取決於它對社會貢獻的多寡，而企

業對社會最大的貢獻，是提供高品質產品與服務來滿足消費者的需求；為了提供高品質產品與服務，必然要有高素質的員工，因此企業必須訓練人才照顧員工。如此，公司經營成功，利潤自然回饋給股東。而我的利益，就擺在顧客、員工和股東後面（註1）。

石滋宜先生和施振榮先生用最通俗的語言說明了經濟學中最基本的原理。我們需要創造價值，才能分享給員工，賺取利潤；而價值來自效用，效用是顧客從產品或服務中得到的滿足。

他們兩位的話也讓我們更深入思考價值和利潤的問題。我們常聽說做生意將本求利，追求利潤是企業經營的基本動機，而利潤是企業經營的最終目的。然而如果過分熱心追求利潤，正如主張功利主義而過分強調目的，可能因為忽略了價值的創造，以致發生損失。反之，如果我們重視價值，如同康德的義務論，將創造價值、服務顧客視為企業經營者的義務和志業，則利潤不過是隨之發生的結果。雖然在前一情形有時可能獲致暴利，而在後一情形則失去賺取暴利的機會。但對整個社會而言，未創造價值而得到利益只可能來自別人的損失；或此時期的利益由另一時期的損失來補償。

很多人以為資本主義精神是賺錢（acquisition），金錢追逐推動了西方市場經濟的進步。然而德國的經濟史學家韋伯指出，貪得無厭是自古以來西方和東方都存在的現象，但並未形成資本主義，促進經濟發展。他向基督

新教倫理（protestant ethics）探求資本主義的精神，認爲資本主義精神反而是有節制的追求財富。根據喀爾文教派（Calvinism）「先定」（predestination）的教義：人皆有罪，上帝已決定若干人的靈魂得救以彰顯祂的愛，其他人的靈魂滅亡以示公平。人不可能靠行爲得救，只能努力行善以求證明得救，因爲只有上帝選定的人才有百分之百行善的能力。所以清教徒勤勉、節儉、敬業、守信，完成神的召喚或使命（calling）。不過韋伯也指出，資本主義發展的結果，追求利潤，捨本逐末，漸漸悖離原來的精神。

奧國的經濟學家熊彼得（Joseph A. Schumpeter）將韋伯的資本主義精神具體化而爲企業家精神（entrepre-neurship）。他用企業家的「創新」（innovation）說明資本主義制度下的經濟發展。

熊彼得所說的創新有五種可能的意義，即：

(1) 生產一種新產品，或改進一種現有產品的品質或功能。

(2) 使用一種新生產方法，或改進一種現有的生產方法，使生產效率提高。

(3) 改進現有組織提高組織的功能。

(4) 開闢新市場，或取得新的原料供應地。

(5) 創造一種獨占地位，或打破現存的獨占地位。

這五種不同形式的創新，除了第五項前半「創造一種獨占地位」下文另有討論外，其餘各項的意義無非在於創造新增的（additional）經濟價值，或提高生產效率，

降低生產成本，使生產力因而提高，投資和就業因而增加，經濟因而成長，整個社會得到利益，企業家也得到利潤。

在熊彼得的理論中，企業家具有冒險犯難的特質，勇於創新，所以籌集資金，承擔風險，從事投資。不過企業家不論如何富有，仍然努力不懈，乃是追求事業上的成就和貢獻，不是為了利潤；利潤只是附帶的結果。

韋伯和熊彼得都是強調某種倫理上的特質創造了價值，因而產生利潤，也促進了經濟發展。

我們如果說顧客是企業的衣食父母，從交易雙方皆自市場中獲利的觀點看，顯然太誇張了。不過，以誠實的

關心客戶利益

我在研究室準備講稿，接到一個電話。打電話的張先生說，他是台北銀行的職員，最近整理舊檔，發現內人曾以房屋抵押取得某一借款額度但從未利用。張先生說，雖然無妨，但如發生房屋交易，可能造成不便。所以輾轉打聽，找到我現在任教的學校，問我是否仍有需要？願不願意註銷抵押？我聽了十分感動，回家後說給內人聽，她也很感動，第二天就在銀行的協助下辦完手續。假定我們公司機構的員工都能像張先生這樣熱心積極，主動關心客戶的利益，給予必要的協助，我們會是一個何等快樂幸福的社會！我們的平均所得可能不是現在的1萬3千美元，而應是3萬美元，我們在瑞士洛桑管理學院「2002全球競爭力」排名也不會從2001年已經很低的18名降低到2002年的24名。　　　　（孫震，《人生在世》，聯經，2003年，頁155）

態度善待顧客，滿足他們的需要，包括在產品方面，相關的服務方面，和應對的態度方面，以贏得顧客對公司的忠心，是企業經營長期中最好的政策。

然而，如果我們只是將善待顧客當作賺錢的手段，而非發自內心的真心誠意，也會像主張功利主義而過分重視最後的目的一樣，於緊要關頭發生流弊。在2001年美國的安隆事件中，名列世界五大的著名會計公司安達信，因為涉嫌協助安隆隱藏財務真相，並容許員工銷毀相關文件，被美國司法單位控訴妨礙正義（obstruction of justice），許多重要客戶包括達美航空（Delta Airlines）、默克（Merck）藥廠……等，紛紛求去，甚至遠在台灣的勤業會計師事務所也另尋合作夥伴。

如果誠信、善待顧客只是賺錢的手段，則當更方便的機會來臨時，我們也會看到謊言和欺騙，就像很多觀光客在若干落後地區或陌生地區所看到的，甚至親身遭遇到的一樣。下面有兩則可能是虛構的故事（註2）。

其一：一位台商在泰山南天門，看到一家飯店，掛有「牛湯麵」的招牌。他進去叫了一碗，發現只是清湯麵，質疑何以不見牛肉，也沒有牛肉的味道。伙計回答：「我們沒說有牛肉。因為我們師傅姓牛，所以叫牛湯麵。」客人大怒：「你們這樣欺騙顧客，誰敢再來。」伙計說：「中國有十三億人口，我們沒指望你再來。」

其二：有位台商遊峨嵋山，講好坐滑竿上山，每人人民幣二十元。到達山頂後付了二十元。對方說：「還差六十元。」問：「不是說好每人二十元嗎？」答：「對

呀。我們有四個人抬，所以還差六十元。」

禮貌、回應與關懷

　　多年前阿格拉瓦（Subhush Agrawal）在《遠東經濟評論》（*Far Eastern Economic Review*）的一篇專文中說，外國人對印度的印象往往是，從下飛機開始，到進入市區，很少看到笑容。他說，企業管理雖然有很多時髦的理論，但其實最重要的就是禮貌（politeness）、回應（responsiveness）和關懷（caring）。員工對待顧客應有禮貌，顧客有所詢問或要求應迅速負責任地回應；而公司的員工能自動自發做到禮貌與回應，基本上是因為有發自內心的關懷（註3）。

　　禮貌是一種做人的修養。禮貌釋放善意，顯示對人的敬重，不論對方是有地位、有權勢、有財富的人，還是普通人、窮人或小孩子。和顏悅色，讓人感覺受到鼓勵，產生信賴。禮貌雖然就是價值本身，具有所謂「固有價值」，但也有其功利的效果。禮貌可以化解衝突，營造祥和。有句俗話說：「伸手不打笑臉人。」孔子說：「禮近於恭，遠恥辱也。」（《論語》〈學而〉）也就是說，禮貌使人免於羞辱。禮貌並不表示怯弱。孔子又說：「勇而無禮則亂。」（《論語》〈泰伯〉）好勇逞強，製造混亂，又有什麼好處？孔子愛徒子路，進入師門之前，粗野好勇。他初見孔子時態度莽撞，言辭無禮，孔

子待之以禮，循循善誘，讓他感到慚愧，因此拜在門下，終身悅服。禮貌對所有的人都重要，但對企業更重要。所以有句話說：「顧客永遠是對的。」

不過，並不是每個人都知道禮貌的重要性。縱然知道，也正因為禮貌是一項美德，一種做人的修養，不是知道了就可以做到。此外，禮貌如果不是發自內心，虛情假意，有時在表面或言辭背後所流露的高傲或奸邪，更令人憎惡。

員工在工作上不能表現應有的禮貌，就工作以外的大環境而言，可能有社會的原因、制度的原因和經濟景氣盛衰的原因。以社會的原因而言，如果社會的基本條件惡劣，看不到希望，人人怨懟不滿，每天一肚子氣無處發洩，當然也不會有好臉色給顧客看。其實台灣過去就有這種情形。1970年代以來，經濟蓬勃發展，所得增加，民生建設進步，國際形象改善，人民生活態度漸趨樂觀開放。近年國外包括大陸來台參觀旅遊人士，多稱許台灣的禮貌與和善。此外，成就動機（achievement motivation）太強烈的社會，其文化鼓勵成員成大事、立大業，出人頭地，但實際上不可能使人人希望成真。因此期望與現實差距大，很多人覺得大材小用，壯志未伸，自然缺少笑臉迎人的心情。不過我們究竟應降低期望以增加滿足，抑升高期望以鼓舞努力？不是一個容易做決定的選擇。

其次，以制度的原因來說，一般而言，國有事業的員工，可能認為自己為國家做事，「店大欺客」，較難有

服務顧客的熱忱。中國大陸對外開放之初，很多到大陸旅遊的觀光客都抱怨當地態度惡劣、面無表情的店員。諾貝爾經濟學獎得主傅利曼（Milton Friedman）曾說，只要引進小費制度就會得到改善。更根本的辦法可能需要一方面引進競爭，一方面使薪酬和員工的工作表現發生較密切的關聯。台灣過去的公營銀行常讓人有衙門的感覺，比較缺乏積極進取的態度，對顧客也應該可以更和善、更熱心。但民營銀行開放設立，公營銀行民營化

行為好則利潤大

　　員工對待顧客應有禮貌，雖然用不著笑面迎人，但應可做到親切和善、有回應，而這麼做是出於關心或關懷。工商企業為了長遠做生意，樹立商譽，固應如此，政府機關為民服務亦應如此。然而我們日常生活接觸所及往往是相反的經驗，讓我們的社會充滿挫折感與不快，很容易爆發衝突。

　　其實禮貌、回應和關懷對個人來說也是重要的美德，對和諧人際關係與事業發展有很大的幫助。試想一位彬彬有禮、負責盡職、滿懷關切的員工怎會不獲得長官的欣賞而委以重任？反過來，一位態度謙和、關心部屬、回應部屬問題、重視部屬意見的長官，怎會不獲得部屬的擁戴而樂於和他一起工作？康德的一個重要道德原則是永遠把人當作目的來尊重，不可僅當作手段來利用。

　　……《遠東經濟評論》〈投資於倫理長期中有利可圖〉（"Investing Ethics Pays in the Long Run"）一文有一句話說得好：「行為好則利潤大。」（Good behavior means greater profits.）

　　　　　　（孫震，《人生在世》，聯經，2003年，頁159-160）

以來，競爭增加，服務態度有很大的改善。近年金融制度對外開放，金融業務趨於多元，金融資產名目日增，主要銀行私人理財積極主動，固然是台灣金融業務全球化的結果，相信銀行之間的激烈競爭與員工的薪酬制度，也是重要的原因。

在景氣變動的盛衰方面，經濟衰退使失業增加，保住工作的人更知道珍惜，也會更勤勉樂業。美國艾森豪總統時代經濟顧問委員會的主席貝恩斯（Arthur Burns）曾經說，經濟景氣的好壞可以從餐館伙計的工作態度上看出來。衰退的時候工作態度好，因為唯恐失去工作，另找工作不易；繁榮的時候工作態度壞，因為不怕失去工作，失去工作可能找到更好的工作。

回應是一種敬業與負責任的態度；迅速有效的回應讓人感到可以信賴，因而願意來往，建立生意上的關係。我們只要看留言（不論經由電話、傳真或e-mail）會不會得到即刻的回覆，大致就可以判斷這家公司有沒有效率，有沒有前途。公司中勇於回應、積極做事的人，最能得到上級的賞識。而公司的文化是否鼓勵這樣積極負責任的人出頭，也是公司事業發展的重要關鍵。

禮貌與回應如果只是由於職務上的要求，做為達成企業目標的手段，比較不容易維持長久，而且較難表現出發自內心的熱忱；甚至口裡說得漂亮，實際上推卸責任，虛與委蛇。然而如果是出於關懷，包括對顧客的關懷和對公司的關懷，就會是自然的流露，持之以恆。多年前台灣外匯短缺，出國不易，名作家鍾梅音女士歐遊

歸來，發表她在歐洲的見聞。其中有一段說到西德超市
年輕女作業員於結帳找零錢時愉快親切的態度，讓鍾女
士留下深刻的印象；也讓鍾女士的讀者留下深刻的印
象。能讓年輕的女孩子在卑微的職位上快樂工作，並將
她的快樂感染給遠來的旅人，需要一個怎樣美好而滿懷
希望的社會和工作環境！員工只有當其感受眞心對待的
時候，才會全心全意地工作。公司希望員工如何對待顧
客，就應如何對待員工。

競爭、獨占與消費者利益

　　讓我們從完全競爭（perfect competition）的市場狀況
說起。在完全競爭的情形下，眾多廠商生產或供應完全
相同的產品，商品的價格由市場總供需決定，對個別廠
商而言爲既定，即個別廠商不能影響商品的價格。個別
廠商的總收入等於其總成本，而利潤爲零。這種情形下
的價格其實就是古典經濟理論中的價值。如果利潤大於
零，就會吸引新廠商加入，使商品總供給增加，價格下
降，反之如利潤小於零，就會引起現有廠商退出，使商
品的總供給減少，價格上漲，直到利潤重歸於零爲止。

　　利潤是企業的經營者於按照因素價格（各種生產因素
在其各自市場中決定的價格）支付全部費用後的剩餘，
做爲對經營者貢獻的報酬，若按熊彼得的理論，則爲企
業家創新的報酬。

在資本主義經濟中，企業家，包括熊彼得意義的企業家，和一般意義的企業家，亦即上文所說的企業經營者，受到創新或利潤動機的驅策，總是尋求以各種創新的方式從事投資，打破利潤為零的現況，實現自己的利益。不過企業家的利益並非在所有情況下都和顧客或消費者的利益一致。如果企業家創造了新增的價值，使國內生產毛額（Gross Domestic Product, GDP）增加，滿足了消費者更多的欲望，則企業家的利益和消費者的利益一致。然而如果企業創造了一種獨占的地位，限制產品的數量，使其價格上漲，從中獲利，則企業家的利益來自消費者的損失。

在熊彼得五種形式的創新中，其一是，生產一種新產品，或改進一種現有產品的品質或功能（產品效果），使消費者從更多、更好的產品中，得到更大的滿足。經濟發展理論通常多強調技術進步、生產力提高、總產量（GDP、GNP）與就業增加等總體現象的變動，較少提及新產品對經濟發展的重要性。實際上消費者對任何特定產品的需要，都有邊際效用（marginal utility）遞減的現象。如果沒有新的產品出現，經濟發展終將因為缺少需要而到達盡頭。歷史上重要產品的發明總是帶動數十年快速的經濟成長，例如火車、輪船、汽車、噴射飛機，以及1970年代以來的電腦、網路與無線通信。

一切商品的目的固然在於滿足消費者的需要，但一般消費者通常總是配合現有產品的性質，調整自己的生活態度和消費習慣，很少知道也很少去想，除了社會上已

經存在的商品之外，自己想要的究竟還有什麼？因此生產者不但要用廣告誘導消費者購買以前未曾使用的商品，並且要代替消費者思考，創造新的產品，以啓發消費者的新欲望，滿足消費者的潛在需要。新產品或新技術在達到成熟圓滿之前，會不斷改進，品質和功能不斷提高，價格不斷降低，最後趨於穩定，成爲一般消費者都習以爲常的用品。在不斷改進的過程中，對社會與個人都不免有很多浪費，也是很難避免的事。

再說熊彼得所提的第二種創新：使用一種新生產方法、或改進現有的生產方法，使生產效率提高（生產方法效果），可以降低成本與價格，增加消費者福利；因此所節省的生產因素可用以增加產量，或用於其他用途，使經濟成長率提高。這是技術進步促進經濟成長的主要途徑。

第三種創新是，改進現有組織，提高組織功能（組織效果）。這和改進生產方法有同樣的作用，都包含在新古典成長理論（neo-classical growth model）（廣義的）技術進步之中。組織改進和生產方法改進一樣，都使生產效率提高，生產成本與產品價格下降，生產者和消費者兩蒙其利。

熊彼得的《經濟發展理論》（*The Theory of Economic Development*）初見於上個世紀之初（註4），其所舉之第四種創新，開闢新市場與發現新原料供應地意義的「創新」，在經濟自由化、全球化的今天，已失去當年資本主義開疆闢土時期的重要意義。不過我們大致可以

說，市場的拓展總是有利於經濟成長與經濟福利的增
加。

最後一種意義的創新是，創造一種獨占地位或打破現
存的獨占地位。打破現存的獨占地位使價格降低，當然
有利於消費者的經濟福利。至於創造一種獨占地位，通
常都認為對消費者有不利的影響，因為獨占者不但控制
產量、提高價格，而且往往操縱研發成果上市的時機，
以謀取長期最大的利益。因此現代國家都立法限制企業
的獨占活動。

《孟子》有一段可能是歷史記載最早的政府對獨占活
動的節制：

古之為市者，以其所有，易其所無者，有司者治之
耳。有賤丈夫焉，必求龍（壟）斷而登之，以左右望而
罔（網）市利；人皆以為賤，故從而征之。征商，自此
賤丈夫始矣。（《孟子》〈公孫丑〉）

「壟斷」一詞用以形容以不正當的方法，操縱市場，
獲取暴利，就是出自此處。

不過獨占並非真的就能壟斷市場，因為所有商品都競
相賺取消費者的購買力，一種商品的價格如上漲，其他
商品至少可在某種程度內取而代之。一種商品的價格提
高，不僅可能使消費者減少對這種商品的購買，而且可
能誘發代替產品的出現。如果這種商品是一種中間產品
（intermediate product），用以生產其他最終產品（final

product），漲價可能引起生產方法改變，導致使用效率提高，使用數量減少，終致偏高的價格無法維持。

　　一九七〇年代，石油輸出國組織（Organization for Petroleum Exporting Countries, OPEC）減少石油產量，提高石油價格，兩度造成「石油危機」，當時流行的智慧以為從此世界經濟進入「高物價、低成長」的時代，憂時之士更憂心石油的蘊藏量趨於枯竭，世界經濟成長將難以為繼。各種代替性能源受到重視，例如對油頁岩、煤炭氣化、地熱、太陽能、風力發電、溫差發電等的研究。然而不久各種節省能源的方法出現，導致能源使用的效率提高，石油真實價格（real price）或相對價格（relative price）降低，物價趨於平穩，世界經濟恢復成長，各種代替性能源研究也少人討論。獨占者的獨占勢力並非沒有市場力量加以節制，獨占者也宜慎加運用。

廣告

　　廣告的作用在於提供有關商品的訊息，吸引顧客，開拓市場。廣告不但引介新商品，滿足消費者的新需要，甚至開發消費者的潛在需要，使社會的總需要增加，因而總產量也增加；並對既有的產品構成競爭壓力，有助於既有產品的改進與經濟進步。

　　消費者靠廣告獲得關於產品的資訊，但卻懶於看廣告。平面媒體的廣告很少人翻閱；電子媒體出現廣告，

常是觀者閉目養神或活動一下筋骨的時間。於是廣告專家各出奇招，以吸引注意，引起購買，有時令人印象深刻，有時到達匪夷所思的地步。

前幾年有個著名的電視廣告：一對年輕的俊男美女街頭相逢，男的問：「妳好像是我高中同學？」女的說：「我是你高中老師！」原來是推銷一種化妝品，讓美女青春永駐。

最近電視廣告出現一位「老大」，吩咐手下大批嘍囉：「給我查！」「就是查。」原來是推銷一種瓶裝飲料「就是茶」。廣告中的「老大」或「大哥」，如此勞師動眾，四處追查，想必是好茶。

另有一個知名的電視廣告：唐先生和太太翩翩起舞時，不小心打破了太太心愛的花瓶，從此日日為太太做苦工，以贖罪愆。直到有一天上網找到一隻同樣的花瓶，重獲太太歡心，才恢復自己有情愛、有尊嚴的生活。不知這個家喻戶曉的廣告究竟推銷什麼產品？

有的產品藉公益廣告打知名度。有的產品請知名度高的影藝界人士做代言人。代言人知名度愈高，價碼也愈高，一切費用都是羊毛出在羊身上。很少廣告作理性的訴求，也很少廣告真正提供關於商品的訊息。其實世界上很多昂貴、富盛名的商品是不同形式的廣告創造出來的價值。我們要記住：消費者所追求的是「固有價值」，它是主觀感受所得到的滿足，有時昂貴本身正是價值或效用的來源。

廣告刺激需求，引起購買，究竟有沒有合理的限度，

過此即為浪費？

　在不同的經濟情況下，經濟學家就長期觀點或短期觀點，可能有不同的意見。1930年代世界經濟蕭條時期，英國著名的經濟學家凱因斯（John M. Keynes）主張刺激需求以增加就業與生產，拯救經濟。他的理論一反供給決定需求的傳統理論，被稱為「凱因斯革命」（The Keynesian revolution）。

　然而後來美國名經濟學家高伯瑞（John Kenneth Galbraith）教授認為，廣告誘發非必需的（unnecessary）欲望，使我們過分購買私人物品，以致減少了可用於消除貧窮與增進建設所需的資源，如公園、醫院、道路、學校等。高伯瑞甚至將廣告比作魔鬼（demons），驅使我們浪費金錢於原無需要的物品。高伯瑞認為，一個理性的社會，其生產能量應有較少之部分用於滿足廣告所引起之非必需的欲望。他說：迫切的欲望必為消費者源自本身的欲望，而廣告所引起的欲望必非迫切的欲望（註5）。

　凱因斯的「有效需要」（effective demand）理論為一短期理論。在短期中，由資本存量和勞力供應所決定的生產能量固定，總需要決定實際生產與就業人數。因此我們可增加需要以增加就業與生產，使經濟復甦。凱因斯有一句名言說：「在長期中我們都死了。」因此經濟衰退時，我們不能坐視不理，等待經濟自動調整，特別是在1930年代初世界經濟大蕭條的時期。

　不過，經濟發展或經濟成長為一國生產能量長期不斷

擴大的過程。生產能量的擴大要靠投資使資本存量增加，勞動人數增加使勞力供給增加，教育和訓練使人力素質改善，以及技術進步使生產力提高，而並非需要增加生產就會增加。如果需要或購買增加，可使生產增加、經濟成長，則世界上不會有貧窮的國家。所以消費不能致富，所得與財富的累積，仍要靠勤勉節儉的傳統美德。

縱然一國的經濟生活崇尚節儉，不作無謂的浪費，非必需的消費能免則免，以增加儲蓄與投資，促進經濟成長；但隨著經濟成長，所得不斷增加，生活水準不斷提高，以前認為生活中的非必需品，如今成為必需，低所得家庭認為非必需的物品，高所得家庭可能認為必需。所以古人說：「由儉入奢易，由奢返儉難。」一旦過慣富裕的日子，就很難再適應貧窮的生活，而富裕的水準是可以不斷提高的。

高伯瑞教授十多年前曾來台演講，他當時為哈佛大學資深教授，通常大學教授待遇並不優厚，但高伯瑞教授不但是名學者，而且是多本暢銷書的作者，曾任美國駐印度大使，經濟能力自非一般可比。他強調必需的欲望與非必需的欲望之區別，是自古以來哲學家重視幸福生活的傳統，以及他自己的特別理念。高伯瑞教授將廣告的力量視為魔鬼的效果（the effect of demons）。唯廣告所傳達的訊息如為消費者所接受，創造了效用和價值，使生產和就業增加，其對經濟成長的貢獻是很難以必需品或非必需品加以區別的。

資本主義經濟猶如民主政治，尊重消費者或人民的自由選擇。不同的是在政治領域中每人一票，但在經濟領域中每人擁有的票數取決於其支配的財富。從低所得者的觀點看，也許社會生產了太多沒有急迫性或必需性的產品，浪費稀少的資源，但從高所得者的觀點看，他們以金錢表現的需要（也就是凱因斯所說的有效需要）亦應予以滿足。因此高伯瑞所顧慮的浪費現象乃是所得分配的問題，在資本主義經濟制度中，所得分配不均正是其誘因制度（incentive system）的一部分。

基本上廣告反映事實。從目的論的觀點看，與事實一致的廣告幫助消費者作正確的選擇，使一定數量的資源產生最大的效用；而不實廣告提供錯誤訊息，扭曲資源分配，使資源使用的效率降低。

從義務論的觀點看，與事實一致的廣告符合康德的普遍性原則，所以才為人所相信。不實廣告縱然欺騙顧客於一時，終將失去效果，並且破壞顧客對其他廣告的信心，使廣告業受到傷害。因此廣告一方面受政府監督、法律節制；一方面廣告商自己也有自律的規定與組織，不但保護顧客，也保護自己。

產品安全與消費者保護

一九九〇年代美國福特汽車生產一款小貨車，因油箱設計不當，於車禍撞擊時，可能爆炸起火，導致死亡。

不過這款小貨車十分暢銷，而且不是每次車禍都爆炸失火，死亡的機率不高。

福特公司於評估各種善後方案後，決定不召回車輛，寧願支付死傷賠償。然而不幸的事故一再發生，受害者家屬訴諸法院，法官發現汽車設計確有瑕疵，乃判決已售出的車輛全面召回，對不幸的受害者家屬予以理賠，

三好一公道

統一公司的經營理念是「三好一公道」。就是產品好，服務好，信用好，價格公道。統一重視品管，產品的品質好，具備國家標準；售前與售後的服務都要讓客戶滿意；正派經營，取信社會大眾；而且定價合理，如有盈餘，必以一定數額回饋社會。

統一的企業倫理：

一、對國家：1.配合政府的經濟政策，投資對國家發展有利的事業；2.善盡納稅人的義務，不漏稅以充裕國家建設的財源；3.不仿冒，不官商勾結，不使用不正當的經營手段。

二、對同業：1.可以說自己的好話，但不可說同業的壞話；2.不挖角，人才要自己培養，自己人朝夕相處，產生感情，因此不容易被別人挖角；3.同業間光明磊落競爭，以符合正派經營的原則。

三、對股東與員工：1.股東投入的是資本，應確保股東的權益，使其得到應獲的報酬；2.員工投入的是青春，青春一去不復返，照顧員工是經營者最大的責任。

四、對顧客：1.本著「三好一公道」原則，以實際行動服務社會大眾；2.堅守良心道德，不製造有害健康的食品；3.不偷

並處以四十餘億美元罰款。

　　從目的論或後果論的觀點看，販售這款小貨車有導致死亡的危機，當然是違反倫理的作為。從義務論的觀點看，福特公司的決策高層是否願意讓自己的妻子兒女乘坐該款貨車？己所不欲，勿施於人。福特原來的決策顯然違背康德的普遍律。美國的司法系統能迅速偵辦，課

工減料，欺騙顧客，不聯合壟斷，哄抬物價；4.不做不實宣傳，了解顧客的需要，提供顧客需要的產品和服務。

　　五、對社會：1.不製造公害污染環境；2.盈餘再投資，為社會創造財富，增加就業；3.設立「健康快樂開創委員會」，下設社會福利基金會、兒童才藝促進中心、消費者服務中心、出版服務中心，以回饋社會。

　　雖然倫理的出發點是愛心和善意，不是為了回報。但社會仍應有獎善懲惡的機制，做為善行的支援體系，並維持社會公義。此猶如宗教之有天堂和地獄。歐陽修在〈瀧岡阡表〉中說：「為善無不報，而遲速有時，此理之常也。」然而台灣社會日益失去獎善懲惡的機制，也很少人相信因果報應，只相信眼前的利益。過去我們期待政治領袖做社會的典範，為社會樹立做人做事的榜樣，如今他們的行為日益成為反面的示範。因此群我倫理促進會近年選擇企業倫理做為推行社會倫理的核心。在企業的領域中，雖然不乏追求近利、投機取巧的例子，如最近美國的安隆和安達信，但企業倫理仍為永續經營應遵守的基本原則。西諺說：「好的倫理就是好的經營。」（Good ethics is good business.）統一可謂掌握了此一原則。

　　　　　　（孫震，《人生在世》，聯經，2003年，頁112-114）

以重責，罰以巨款，是明快之舉（註6）。

在台灣，十多年前有不肖之徒欲向統一公司敲詐，宣稱在台南縣仁德鄉一家雜貨店所販售的統一鋁箔裝飲料中下毒，這名歹徒於報案後立即被捕，供稱作案地點僅在這家雜貨店。但統一總裁高清愿決定將全國各地販售的鋁箔裝飲料幾十萬盒公開銷毀，損失慘重。他的決策不但消除了消費者的疑慮，也提高了統一公司的信譽，讓消費者相信統一公司關心顧客，為自己的產品負責。

統一實踐「台南幫」領袖吳修齊先生的經營理念「三好一公道」，包括「堅守良心道德，不製造有害健康的食品」，「不偷工減料，欺騙顧客」，「不製造公害，污染環境」（註7）。

我們如果根據以上二例衡量福特公司和統一公司的經營倫理，福特憑藉的是他律，統一憑藉的是自律，後者更符合康德與我國儒家的倫理思想。不過雖然倫理強調出於內心的自由選擇，仍需要一個公平正義的社會，有健全良好的制度，獎善懲惡，讓好人得到獎賞，壞人得到懲罰，也讓眾多消費者感到安心。

產品危害可能出於生產者的自覺。更多可能並非出於自覺，而是出於無知，或根據不完全的知識、不充分的證據。前者如1980年代初期台中的商人從廚餘的油污中，再製食油，造成多氯聯苯的災害，使很多受害者終身難以康復。再如利用病死豬肉製作肉品；出售殘留農藥過多的蔬菜；將鉛條插入冬蟲夏草，以增加重量等。後者如最近媒體報導，利用甲醛染製色澤鮮豔的童裝，

導致皮膚病，甚至致癌。出於自覺者利欲薰心，不擇手段，固然應受到懲罰；出於無知者，也不能逃避責任。

　　資本主義經濟，雖然有消費者主權（consumer's sovereignty）之說，消費者的購買主宰資源用途與產業結構，生產者必須順從消費者的需要。然而個別消費者不論面對有組織並且機關化的大生產者，或無組織亦無約束的小攤販，除了買或不買的選擇外，其實很少辨別與抗爭的能力。這就好像我們生活在政治民主的國家，名義上以民爲主，政府官員爲人民的公僕，實際上個別老百姓對高高在上的官僚和龐大的國家機器，同樣充滿了無力感。

　　就全體而言，在長期中，生產者的利益和消費者的利益一致。基本上，我們希望生產者「堅守良心道德」，不生產危害安全的產品。我們需要一個仗義公正的民間組織，代表孤單弱小的消費者，主張他們的權利。在這方面，財團法人中華民國消費者文教基金會於1980年11月成立，促成「消費者保護法」立法，主動探求消費者權益受損有關的問題，謀求改善，並接受消費者的訴求，做他們的代言人，給予協助。消基會成立至今已二十餘年，對台灣消費者保護有很大貢獻，也讓我們看到很多進步。此外，我們需要有健全負責的政府，爲產品安全把關。最後，我們還需要一個清廉有效的司法體系，及時發揮賞善懲惡的作用。

註1：施振榮，《再造宏碁》，天下文化，1996年，頁10。

註2：這兩個故事是從報紙看來的，作者曾登泰山南天門，未見有「牛湯麵」招牌。

註3：孫震，《人生在世》，聯經，2003年，頁156。

註4：Joseph A. Schumpeter 的 *The Theory of Economic Development* 初版為德文，發表於1912年，英譯由哈佛大學於1934年出版。

註5：此處關於高伯瑞教授的理論轉引自David Stewart, *Business Ethics*, McGraw-Hill, 1996, P.127。

註6：孫震，〈善者誰賞，惡者誰罰〉，《人生在世》，聯經，2003年，第4篇第39章。本文係根據學生的學期報告寫成。

註7：參看高清愿所寫的序文，《吳修齊自傳》，遠景，1993年9月初版，頁41。

第五章 企業與員工

員工不僅是生產因素，而且是企業的重要資產，是技術與創新的主要來源，甚至是唯一的來源。

勞雇關係與經濟發展

勞雇關係是指員工與雇主之間的關係。基本上，雇主應照顧員工，員工應對企業忠心，共同為企業的目標努力。企業的目標總是追求利潤，利潤衡量經營的績效，利潤也傳遞社會的需要，以有效的經營滿足社會的需要，才能獲得利潤。員工的需要則隨經濟發展、所得提高、產業的性質與個人的知識能力而有所不同。

以下引述兩個故事。一個出自《孟子》，另外一個出自《史記》。

匡章對孟子說：

陳仲子，豈不誠廉士哉？居於陵，三日不食，耳無聞，目無見也。井上有李，螬食實者過半矣，匍匐往，將食之，三咽，然後耳有聞，目有見。（《孟子》〈滕文公〉）

《史記》〈孟嘗君列傳〉載，馮諼投奔孟嘗君。孟嘗君將他安排在食客之列，未給予特別的照顧。一日，馮諼

彈劍歌曰：「長鋏歸來乎，食無魚。」孟嘗君給他魚。過了一些日子，馮諼又彈劍而歌，曰：「長鋏歸來乎，出無輿。」於是給他車子。又過了一些日子，曰：「長鋏歸來乎，無以爲家。」

陳仲子的故事告訴我們食的重要性，沒有東西吃連生命都不能維持，還談什麼高尚的志節，遠大的理想。陳仲子是孟子時代齊國的世家，其兄爲高官。仲子以其兄之祿爲不義之祿而不食，其兄之室爲不義之室而不居，因此離家出走到於陵，過三餐不繼的生活。孟子批評說：陳仲子雖然了不起，但像他那樣的情操，只有蚯蚓才能做到，因爲蚯蚓只需要喝水吃土就可以生存，人則不然。

馮諼的故事告訴我們，欲望的層次隨了富裕的程度升高。以馮諼的例子來說，食有魚屬於物質享受的層次；出有輿屬於生活便利和社會地位的層次，讓自己感到重要，受人尊敬；有自己的家，則是一種歸屬感，使人生踏實。

人的生活水準隨了經濟發展而提高，人生的態度也隨之轉變。在現代經濟成長（modern economic growth）出現前的長期經濟停滯（stagnation）時代，主要的產業是農業，絕大多數人口從事農業生產，非農業人口只能在剩餘糧食所容許的限度以內。生產力不變，人口增加使平均所得維持在「生存水準」（subsistence level）。由於受到邊際報酬遞減作用（law of diminishing marginal returns）的限制，不論工作如何努力，總產量都不會

增加。平民百姓終歲辛勞，僅得溫飽，如不幸遭逢戰亂或災害，生活就會陷入困境。

在這樣普遍貧窮的情形下，如能進入富有人家工作，衣食無虞，自然是不錯的謀生之道。由於在停滯經濟中，農村勞力的邊際產量（marginal product）為零，社會人浮於事，有大量隱藏性失業，雖卑微的工作亦屬得來不易，於是忠心成為一種美德，而這種美德有時當雇主遭遇不幸，家道中落，仍繼續保持，傳為佳話。古典短篇小說《今古奇觀》就有一篇〈徐老僕義憤成家〉的故事，說的是老僕阿寄，義助守寡撫孤，為兩位兄嫂所欺的少主母，經商致富，但一切財富歸於少主母，自己則謹守分際，過清貧的生活。

工業革命帶領今之「已開發國家」（developed countries）進入現代經濟成長時代，其他國家也先後起而追隨，成為「發展中國家」（developing countries）。發展中國家按照發展程度之不同又可以分為中高（higher middle）、中低（lower middle）和低所得國家。

在經濟發展或經濟成長初期，工業部門擴張，從農業部門吸收過剩的勞力。由於農業部門勞力的邊際產量為零，所以工業部門只需支付略高於農村生活的工資。就此一階段而言，經濟發展就是勞力從低生產力的農業部門向高生產力的工業部門轉移，使整個經濟就業增加，平均勞動生產力提高的過程。

工業發展形成都市化。農村人口紛紛離開世居的故鄉，到都市謀生，引起都市失業問題，有待較長時間的

經濟成長加以吸收。勞力供過於求，工資低，工作與生活條件差，找到工作的人是比較幸運的一群；有緣進入較具規模的現代企業，有較好的發展前途，更屬幸運。因而較易產生對公司的認同感和向心力，而公司也如此經營其文化，視員工為公司大家庭中的一員，甚至當客觀條件改變，勞力已成為稀少的生產因素，這種文化仍然繼續維持。

美國的未來學家赫曼康（Herman Kahn）認為，日本、台灣、南韓等東亞經濟體，因受儒家思想的影響，員工對公司忠心，為公司的目標認真工作，因而和西方國家相比，有較高的競爭力，故有較高的經濟成長率（註1）。不過赫曼康在1970年代看到的日本、南韓和台灣，特別是日本，可能只是經濟發展中的一個過渡階段。如今隨了經濟成長，所得增加，人生態度改變，個體與群體之間的關係也發生變化。

托佛勒夫婦（Alvin & Heidi Toffler）將經濟發展分為三波，農業社會是第一波，工業社會是第二波，資訊社會是第三波。第二波的特色是大宗化（massification），包括：大量生產、大量消費、大眾社會（mass society）、大眾傳媒（mass media）、標準化、中央決策（central decision making）、多數統治（majority rule）、核心家庭等。第三波的特色是分散化（demassification），包括：殊異化（heterogeniety）、多樣化（diversification）、分權化（decentralization）、尊重少數、多型態家庭：單親、再婚、獨居、無子女等。

科技與經濟進步，人生態度從消極、默從（passivism）轉變為積極、進取（activism）；個人與群體的關係，包括家庭、公司，大至國家，從集體主義轉向個人主義，從曲己從人，達成群體的任務，轉向伸張自我、實現自我，追逐個人的目標。

永遠將人當作目的來尊重

員工不僅是生產因素，而且是企業的重要資產，是技術與創新的主要來源，甚至是唯一的來源。以創辦中鋼公司聞名，後來擔任經濟部長的趙耀東先生說：「沒錢，可以借；沒技術或機器，可以買；沒有人，則做不好事情。」他以「善待部屬，以身作則，尊重人才，徹底授權」做為現代企業經營的主要原則（註2）。

趙耀東談「中國式管理」，認為要有「儒家的倫理、科學的方法、法家的手段」。關於儒家倫理，他分成以下四方面來說：

以身作則：儒家最重視的就是領導人的人格，甚至將之理想化，組織的領導人要注意本身人格的感化力，作部屬的表率，以德、才來服人，而不假權威管人。

愛的管理：將組織視為家庭的延續，領導人負起家長的責任，給予家長式的關愛、照顧，有福同享、有難同當，給工作者有歸屬感，甘心貢獻心力。

開明開放：組織內的措施盡量公開，消除本位主義，鼓勵各方不同的意見，有接受批評和指責的胸襟，才能集思廣益，群策群力。邀請部屬參與決策，給予尊重。

　　自主管理：透過中國人愛面子的天性，激發員工自動自發的潛力，培養其自主解決問題的精神（註3）。

　　趙耀東任中鋼總經理，和員工穿一樣的工作服，在同一個餐廳吃飯，雖然紀律嚴明，但部屬可以和他吵架。有一次和七、八位部屬一起出國，大家都坐普通艙，單獨為他買頭等艙。他把總務叫來罵，說：「我一個人不可以特別。」總務頂他說：「他們年紀輕，身體好好的，你看你走路腰都站不起來……我就非叫你坐這個艙（註4）。」趙耀東體恤司機，假日不用公家的車子，自己叫計程車，有時計程車司機不肯收他錢。他是一位廉潔、剛正、愛護部下的長官。

　　趙耀東的作風讓我們想到戰國時代的名將吳起。《史記》〈孫子吳起列傳〉有下面一段描述：

　　起之為將，與士卒最下者同衣食。臥不設席，行不騎乘，親裹贏糧，與士卒分勞苦。卒有病疽者，起為吮之。卒母聞而哭之。人曰：「子卒也，而將軍自吮其疽，何哭為？」母曰：「非然也。往年吳公吮其父，其父戰不旋踵，遂死於敵。吳公今又吮其子，妾不知其死所矣。是以哭之。」

吳起如此和士卒同甘苦，所以將士用命，為魏國立下戰功。他隨魏武侯乘舟浮於西河，武侯對他說：「美哉乎，山河之固，此魏國之寶也。」吳起對曰：「在德不在險，若君不修德，舟中之人盡為敵國也。」

統一公司的創辦人高清愿先生認為，照顧員工是公司最大的責任。統一企業用人唯德，高清愿用新人看成績單，操行重於學業，他說：「學問好不如做事好，做事好不如做人好。」不過做人和做事雖然重要，學問仍然很重要，而且企業愈大，技術與產業結構變動愈快，學問愈重要。

對於若干經營者抱怨員工「多做多錯，少做少錯，不做不錯」的心態，高清愿的反應是：

對於這類問題，我給這些朋友的建議是：先反求諸己，自問是否能雍容大度，容納員工的異議、雜音，乃至過失，同時是否充分授權，使員工擁有一個揮灑自如的空間（註5）。

有些企業負責人抱怨員工對公司缺少向心力，忠誠度不高，甚至過於功利，致使公司人力流動率高。高清愿說：

對於這些朋友的牢騷，我的看法是：人畢竟是有感情的，經營者或管理者，在與員工相處時，如果能少分精明，多分關懷，少分計較，多分糊塗，彼此均能將心比

心，許多不必要的誤會，乃至成見，自然會消弭於無形中（註6）。

高清愿相信人都是互相的，你怎樣對人，人就怎樣對你。他說：

你如果對下面的人不好，下面的人要對你好是不可能的。不可能單方面我對你很好，你對我不好。都是人，不可能我對你很差，你對我很好，所以還是要互相對彼此好，一個公司無論上下左右或周邊，都要照顧好（註7）。

趙耀東和高清愿都勇於授權，自己承擔責任。趙耀東任中鋼董事長，授權總經理傅次韓全權處理高雄廠的事，自己到台北辦公，留下印章給傅次韓，說：「給你freehand 好辦事。」他任經濟部長不看公文，公文交給政務次長王昭明。後來王次長勸他，不看公文錯失很多訊息，才看一部分。

高清愿擔任統一企業總經理，五十五歲準備交棒，但董事長吳修齊不同意，延至六十歲交棒給林蒼生。高清愿急於交棒，因為可以帶動下面很多升遷，讓年輕人有機會。他選擇林蒼生，因為林蒼生沒有私心，品德好，操守好，做事有原則，英、日語能力強，有國際企業領導人的形象。他交棒後，設身處地為林蒼生著想：「假如今天我是林蒼生，我當然會去想董事長應該怎麼做比

較好,這是一定的道理。我做總經理時,我當然希望董事長授權給我,這樣我才能發揮,而不希望他干涉東、干涉西(註8)。」

因此他決定少干涉,讓林蒼生可以走出自己的領導風格,帶領統一走向二十一世紀。而林蒼生也每星期親筆寫一頁紙的報告給高清愿,向他報告一週來公司發生的大事及處理的做法,兩人互相尊重。

據說統一公司的待遇並不是頂好,也並非有很多獎金和股票分紅,很多員工是因為統一的文化,感到工作愉快而留下來,林蒼生就是如此。

競爭、生產力與勞工福利

傳統農業社會主要的生產因素是土地。人口增加,勞動的邊際產量下降,產生兩個重要的現象,成為這一長期停滯時期的特徵,那就是大量隱藏性失業,與平均每人產量或所得維持在生存水準。根據馬爾薩斯(Thomas R. Malthus)的「人口論」,平均所得如超過生存水準,人口就會增加。又根據李嘉圖(David Ricardo)的「地租論」,人口增加,耕種次級土地,或在同一塊土地上投入更多人力,使地租增加,勞動的邊際產量下降,糧食的勞動價值提高,價格上漲,所得重降到生存水準。果真如此,生活永無改善之望。

長期停滯時期並非沒有技術進步,使生產力提高,產

量增加，因而所得增加，生活改善。而是技術進步偶然出現，缺乏連續的性質，因此其所產生的經濟利益爲隨之增加的人口所抵消。我們只要看過去世界人口增加，就知道每經過若干時間，總會發生某種形式的技術進步，使總產量增加。但隨之而來的人口增加，使平均每人產量無法提高。

以「人口論」聞名於世的馬爾薩斯可能從來沒有想到，所得增加，生活水準提高，人口並非一定增加。實際上，工業革命以後，技術不斷進步，所得持續增加的結果，使死亡率和出生率在長期中發生變化，改變了人類生活永遠維持於生存水準的宿命。

工業革命以後，持續的技術進步，帶領我們進入現代經濟成長時代。「現代」與「傳統」的區別，就在於技術進步是否有持續性，使經濟得以持續成長，破除馬爾薩斯理論中的人口現象。

工業社會主要的生產因素是資本。技術進步，資本累積，代表現代部門的工業部門擴充，農村剩餘勞力大量向工業所在的都市移動，形成都市失業。台灣在戰後工業發展早期，因爲先有農業改革，包括三七五減租，公地放領，耕者有其田，農業技術進步，使農業部門生產力提高，農村所得增加，留住一部分人力，加以城鄉距離近，交通便捷，因此台灣都市失業，以及因都市失業引起的社會問題，較一般國家經濟發展初期的情形緩和。

目前現代國家的一些勞工保護和福利措施，大致都是

在這樣的背景下，隨了勞工人數增加，勢力壯大，成為政府的政策。如最低工資、最高工時、工作條件、勞工保險、失業救助、退休給付等。因此而產生的費用大致由政府、雇主和勞工按不同的比例分攤，因而構成雇主和政府額外的負擔。由於政府所有支出都來自人民，所以政府的負擔就是全民的負擔。

勞工政策的設計，其目的在於將勞工視為經濟上的弱者加以保護，以增加他們的所得和福利。但在市場經濟中，生產者雇用勞工至其邊際產值與工資相等為止，而真實工資（real wage rate）的增加率等於平均勞動生產力的增加率。貨幣工資上漲如超過生產力的增加率，物價就會上升，使真實工資下降；反之，貨幣工資上漲如低於生產力的增加率，物價就會下降，使真實工資上升，直到生產力的增加率與真實工資的增加率相等為止。至於在一定的技術條件下，資本與勞動的相對報酬，取決於這兩種生產因素供應的多寡，供給過多的生產因素，其報酬率下降；供給不足的生產因素，其報酬率上升。經濟發展初期，資本不足，勞力過多，因此工資低廉。政府雖然可以立法，以人為的手段提高勞工的報酬，但生產者可以調整生產方法和雇用人數，以降低成本，維護企業的利益。我們應知道，市場上任何一方都會經由選擇，避禍趨利，並非不管政府政策如何都逆來順受。違反市場法則，給勞工過多的保護，可能使失業增加，以致受惠者只是就業中的勞工。

因此，保障勞工利益的政策，雖然有助於勞工的福

祉，但勞工生活的不斷改善，基本上靠兩個市場因素。一個是生產力不斷提高，使眞實工資增加；一個是資本不斷累積，使勞工從過多成爲稀少的生產因素。技術進步，資本累積，生產力提高，經濟成長，就業增加，生產者在勞動市場競雇工人，不但使工資上升，工作條件改善，也使勞工在企業中的地位提高。打倒資本家分享他們的利益，不是改善勞動者待遇和地位的根本之圖，根本之圖在於鼓勵儲蓄與投資，使勞力成爲稀少的生產因素。

至於勞工在企業中的地位，工業社會生產機械化、標準化、大量化，資本爲主要生產因素，在生產過程中居於支配的地位，勞工成爲可更換（exchangeable），可代替（replaceable）的附庸，失去目的、失去自我，而只是一種被利用的手段。這種雖然參與工作但被排斥在外的感覺，社會學家稱爲「疏離」（alienation）。

在社會學的理論中，疏離有以下四個層面的意義：

第一是無力感或無力狀態（powerlessness）。人成爲被人或制度操控的標的（object），而非可以自主的主體（subject）。工業社會的無力感有以下四種：

(1) 與生產工具的所有權及產品分離。

(2) 不能參與管理。

(3) 不能控制工作條件。

(4) 不能控制工作程序。

第二是無意義感或無意義狀態（meaninglessness）。工廠之中不斷分工，工作就是不斷重複簡單的動作，不

需要技藝，不需要判斷和決定，沒有問題待解決，也沒有責任。

第三是孤獨感或孤獨狀態（isolation）。工廠為資本主所有，機器設備為資本主所有，產品亦為資本主所有。勞工只是資本主雇用從事生產的工具，不能擁有所生產的產品，亦與利潤無緣。人在事外，失去歸屬。

第四是自我異化（self-estrangement）。工作只是一種手段，為了餬口不得不做，但非人生目的，無法從中感到滿足或自我實現。

進入資訊工業時代，員工成為企業主要的資產，也是創新、技術進步、生產力與競爭力提高的主要來源。教育程度提高，薪資與生活水準達到一定程度，使員工日益重視自主、尊嚴與成就。因此給予尊重，容許其發揮才華與創意，不論從功利主義的觀點看，或從康德將人當作目的來尊重、不可僅當作手段來利用的觀點看，都是經濟進步必有的轉變。個人追求自己的目標超越對公司的忠心，不能以公司的目標相責，只有創造一種良好的工作與生活環境，使近悅遠來。種族、性別或其他無關工作能力的歧視，只有使公司失去本來可以得到的潛在利益，不論從功利主義的觀點看，或從康德普遍律的觀點看，都不符合企業倫理的原則。

盡職與忠心

員工一旦為企業聘雇，即形成一種契約關係，彼此有一定的權利，也有一定的義務。不過不管有形的契約或無形的契約，永遠無法明確界定此權利、義務的範圍。員工從公司得到薪資和福利，但不只是薪資和福利；公司從員工得到勞心勞力的投入，但合理的投入應到達何種程度？

公司對員工的期待，除了工作能力，尚有工作態度。工作態度又可區分為三個層次，即誠實（honesty）、可靠（fidelity）與忠心（loyalty）。誠實是與人相處正直（straightforwardness）、可信（trustworthiness）的美德，誠實的人不說謊、不偷竊、不欺騙。可靠是信守諾言，不計代價，不避艱難，說過就一定做到的美德。虛假的承諾是不誠實；雖然真心承諾，但因難度高或代價大而未做到，不算不誠實（dishonest），而是不可靠（lacking in fidelity）。對公司誠實盡職即為可靠，既可靠又視公司的利益優先於他人的利益即為忠心（註9）。

誠實不欺是做人應有的態度，也是公司對員工基本的要求。但有幾人能做到完全的誠實？百分之百的誠實有沒有必要？有保留的誠實是否不誠實？所謂善意的謊言有時會比直言不諱達到更好的社會後果，我們應以目的論的觀點抑以義務論的觀點判斷其是非？至於盡職和對公司利益的關懷達到怎樣程度才算忠心？忠心不是付薪水就可以買到，忠心需要以忠心換取。員工對公司缺少

忠心，常是公司對員工缺少忠心的結果。正如前文高清愿所說的：「你如果對下面的人不好，下面的人要對你好是不可能的。」

遠東企業集團創辦人徐有庠先生2000年12月逝世，翌年2月舉辦追思會。他的長公子遠東集團董事長徐旭東在追思會上致詞，對政府、對曾經幫助有庠先生的朋友以及遠東集團的員工表示感謝。他說：「家父今天如果在這裡，會要我如此表示。」關於員工的部分，他說：「他會要我感謝遠東集團的員工，多年來和他一起努力，建立了今天的基業。特別是遠東紡織遭逢大火時，員工對他的支持和鼓勵，使遠紡從灰燼中重建，而且採用更高的技術和更先進的機器設備（註10）。」

儘管員工對公司有善盡職守的義務，但只有在能力範圍內負有道德的責任。兩位美國當代哲學家鮑威（Norman Bowei）和達斯卡（Ronald Duska）稱此一原則為「責任限於能力」（ought implies can）原則。最明顯的例子就是不會游泳的人對溺水的人沒有下水相救的道德責任。不過這不表示也無以其他方法相救的義務。然而，雖說如此，社會總是對奮不顧身下水救溺結果自己溺斃，以及冒死進入火場救人結果自己喪命的仁人義士加以表揚，世人也總是為之感動而興起無限景仰！

「責任限於能力」原則免除我們能力範圍以外的責任，但另外一個原則，即「避免預見災害」（do no harm）原則，則課以額外的責任，以避免可合理預見的災害。例如公司產品有瑕疵，可能對使用者造成傷

害；或公司財務處理的方式違反公平透明的原則，可能對社會造成不良的影響等（註11）。

員工對公司的期待，除了薪資和福利，尚包括工作環境，同事間的互動，學習和成長的機會，發展的前途，自主的空間，尊嚴與地位等。求職者比較各家公司相關的條件，選擇就業的公司。傳統日本式終身雇用，按年資計酬，循序升級，為公司效忠的文化，逐漸為重視員工的才能與貢獻、流動性大所代替。員工追求自己的利益與前途更勝於對公司的留戀。我們可能覺得年輕的一代比較無情，難以信賴，然而個人畢竟是社會的主體，而非公司或任何機構的附庸。人才流向更有前途的機構，以及失去人才的公司改善內部，吸收人才，都有助於社會進步。

員工流動性高對公司有兩項不利的影響。一個是成本問題，一個是經驗和技術不容易累積的問題。公司進用新人總會發生若干成本，例如招募時的廣告成本，甄選時的試務成本，初入公司的訓練成本，生手在調適時期的低效率成本和錯誤成本，這些成本需要經過一段時期，俟新員工熟練後，才能漸獲補償。在經驗和技術方面，一個公司的業務經驗和技術不可能全部文獻化，至少在相當程度內需要員工口耳相傳，從工作中學習，在實驗室嘗試，在工廠實踐，如員工更換頻繁，必須不斷從頭做起，自然不易累積經驗和技術，不利於維持品質和創新。不過這些問題都可經由和員工之間的約定加以解決。

　　另外一個問題對科技產業特別重要，就是技術機密的問題。科技公司的員工常掌握較多產品或製程機密，甚至某項產品或製程根本就是某一員工參與研發的成果。因此員工離職，參加競爭對手，或自行創業，對原來的公司應有一定保密的義務。員工和公司之間也應對智慧財產權的歸屬有明確的規定，以避免爭端。

　　雖然企業和員工都可以為自己的利益，主張自己的權利，但從溫馨的一面看，也可以易地而處，站在對方的立場想問題。正如統一公司所信守的原則：「員工對公司投入青春，青春一去不返，所以要對員工加以照顧，如果員工有更好的出路要離開，也應以諒解的心情看待。」就像高清愿當年離開南紡公司創辦統一公司，他的老長官南紡總經理吳修齊應邀出任統一的董事長。離職員工對原來的公司也應有感恩之心，畢竟曾經從這裡得到收入，也在這裡學習、成長和認識朋友，這些都是未來發展的資產。

吹哨子的人

　　二〇〇一年12月美國安隆醜聞爆發後，引起全世界的注意。2002年4月6日，名翻譯家喬志高在《中國時報》人間副刊發表〈世說新語〉一文，介紹進入二十一世紀以來美國流行的新語。其中一個是「安隆」，另外一個是舊語，但因安隆案重見流傳，就是「吹哨子的人」

（whistle-blower）。喬先生引用《通俗美語辭典》解釋「吹哨子的人」是體育用語。兩隊進行球賽，遇有犯規，裁判吹哨子叫停，並對犯規者加以處罰。因此對主持公道、揭發弊端的人，稱爲「吹哨子的人」。

喬文中對「安隆案」中吹哨子的人如此介紹：

恩（安）隆的欺詐、舞弊，最先爲之曝光的是一位姓華特金斯（Sharon Watkins）的中級職員，公司副經理之一。她資歷豐富，爲人誠耿，直言敢諫。早在事發數月之前，她已挺身出來檢舉內部有不軌行動，可能危及公司前途。她的頂頭上司以至董事長不但置之不理，據說還有人恐嚇她不許聲張。後來公司果然垮台，造成金融界絕大的風波。華特金斯女士公開揭發黑幕的勇氣，使她成爲大眾稱讚，媒體譽爲難得的吹哨子的人。

在企業倫理中，「吹哨子」（whistle-blowing）有寬嚴不同的定義。廣義的定義是指任何舉發公司不當作爲的

雪倫・華特金斯

《華盛頓郵報》有一篇文章形容安隆案「吹哨子的人」說：
雪倫・華特金斯不過是萬千幹勁十足的高級職業媽媽之一，駕的是一部SUV，習慣每天先送兩歲半的女兒上幼稚園，然後去寫字樓辦公的那派女性。
（喬志高，〈世說新語〉，《中國時報》人間副刊，2002年4月6日）

三個揭弊的女人

（編譯田思怡／綜合紐約22日外電報導）《時代》雜誌今天選出三名告密的女人為今年「年度風雲人物」，讚揚她們勇於舉發任職機構內部弊病。

安隆公司副總裁雪倫・華特金斯和世界通訊公司內部查帳員辛西亞・古柏揭發她們自己公司內的大筆假帳。這兩家公司均已破產。

另一名告發組織內部弊端的女性是聯邦調查局人員柯琳・羅里，她於今年5月發給聯邦調查局局長穆勒長達十三頁的備忘錄，詳述在九一一恐怖攻擊前幾週，明尼蘇達州明尼亞波利市辦公室主管如何將她要求調查莫沙維的案子擱置一旁。莫沙維被視為是九一一的「第二十名劫機客」。

《時代》雜誌編輯群選出這三名女性為「年度風雲人物」，理由是她們「相信真相不能被一筆勾銷，她們採取行動確保真相不被掩蓋」。

《時代》雜誌總編輯凱利說，這三名女性象徵美國面臨的重大挑戰，該如何挽回民眾對受醜聞玷污機構的信心，包括大企業和天主教會。他說：「正因為她們是小人物才更了不起，她們絕對站在正義的一方，她們三人的個性都很強。」

《時代》雜誌編輯考慮的人選還有美國總統布希、「凱達」組織領袖賓拉丹、副總統錢尼和紐約州檢察官史匹哲。部分編輯看好布希，特別是在他帶領共和黨贏得11月期中選舉，鞏固共和黨在國會多數地位之後。

不過凱利說：「布希本身的一些目標，包括逮捕賓拉丹、推翻伊拉克總統海珊和重振經濟均尚未達成。我們感到未來還會發生更大的事，比較明智的做法是等著看未來的發展。」

現年四十三歲的雪倫・華特金斯曾任會計師，她於2001年發給安隆董事長雷伊長達七頁的備忘錄，直截了當提出一些有疑問的帳目，並警告公司可能「爆發假帳醜聞」。

現年三十八歲的辛西亞・古柏是世界通訊公司內部查帳員，以一介女子在龐大的企業體中孤軍奮戰，她發現公司以作假帳的方式隱瞞38億美元的虧損。世界通訊6月宣布美國史上最大宗破產案後爆發假帳醜聞，驚恐的投資人包圍全球各地股市。

四十八歲的聯邦調查局幹員兼律師柯琳・羅里的祕密備忘錄今年5月外洩給媒體。

在九一一前幾週，羅里懷疑莫沙維可能與激進活動和賓拉丹有關，她要求主管搜查莫沙維的電腦。羅里後來在參院作證指出，聯邦調查局內部充滿官僚和「一心想升官」的文化。

在接受《時代》雜誌訪問時，這三名在一年前還沒沒無名的女性表示，她們舉發主管的錯誤後受到部分同事排擠。古柏說：「我們付出代價，有時我忍不住大哭。」

《時代》雜誌去年選出當時的紐約市長朱良尼為年度風雲人物，批評者認為賓拉丹才是去年最出風頭的新聞製造者。

過去獲選「年度風雲人物」者絕大多數是知名公眾人物，今年極不尋常。《時代》雜誌的「年度風雲人物」特刊預定23日出刊，內容包括這三名女性的介紹和訪問。

（《聯合報》，2002年12月23日）

行動，不論舉發者的職位在公司之內抑在公司之外。由
於舉發者在公司之內抑公司之外有不同的處境，對公司
也有不同的責任，因此通常多採嚴格的定義，即指公司
員工舉發公司之不法或不當作為，而舉發者就是吹哨子
的人。公司縱有不當，但檢舉者為公司成員，對公司有
忠心的義務，舉發一旦發生效果，可能導致公司不利，
使同事蒙受損失，甚至自己也難以倖免。因此在企業或
任何團體扮演「吹哨子」的角色，決定與處境都十分困
難。

安隆案的華特金斯女士負責「公司發展」。她在2001
年8月致函董事長肯尼茲・雷伊，關心安隆「會爆發會
計醜聞」。雷伊聘用律師進行了解。華特金斯女士並向
安隆的簽證會計師公司安達信傳達關切之意。安達信對
雷伊的律師們說，雖其所用的會計方法有「創意和進取
性」（creative and aggressive），但「從技術觀點看尚無
不當」。事後看來，當時安隆的財務狀況早已病入膏
肓，雷伊組成律師團進行調查，安達信的會計師提出說
明，都不過是「虛與委蛇」。

華特金斯女士的處境，讓我們想到很多電影中的情
節：弊案或兇案發生後，警察局的幹員認真辦案，豈知
警察頭子或他的上級正是幕後的主犯。

台灣在1997年東亞金融危機爆發後，很多企業財務發
生問題，政府為避免經濟陷入衰退出面紓困。若干不肖
廠商乘機實施五鬼搬運之法，將公司連同銀行紓困的資
金化為烏有，留下金融黑洞，由銀行系統和全體納稅人

慢慢填補。根據中央銀行2002年11月公布的統計，金融體系對企業的紓困金額達2664億元，占總逾放金額的四分之一（註12）。

中央研究院研究員施俊吉先生在一篇短文中（註13），將搶銀行的方法分為兩種，一種拿槍搶，一種拿印章搶。他又將拿印章搶銀行的盜賊分為「毛賊」、「大盜」、「巨寇」和「國賊」四個等級。其中「大盜」與「紓困」有關。

然而1998年以來，台灣企業界弊案眾多，我們未見有華特金斯女士一樣的企業或金融機構的員工，勇於舉發，出來「吹哨子」，讓我們國家避免損失，老百姓減少負擔。在施先生的大文中，「大盜」之上是「巨寇」，「巨寇」就是自己開一家銀行然後搶光。現在請看中興銀行如何搶光自己銀行的例子。

根據《中國時報》2003年7月4日的報導：2000年3月20日下午，台鳳集團透過中興銀行天母分行緊急調錢，中興銀行總經理王宣仁指示打電話給北部所有分行，延後關閉金庫，由台鳳派人去搬現金。三週後財政部派員至天母分行偵察，發現事態嚴重。4月21日將王宣仁和天母分行經理吳碧雲移送法辦。根據財政部金融局的報告，當時中興淨值尚有76億元。4月26日下午，財政部找來台銀等15家官股銀行與票券商，合買中興銀行發行的存單1005億元。沒有一家銀行代表看過中興的財報，對何時可以還錢也不敢抱期望。4月27日消息曝光，中興四天內被異常提領180億元。4月28日中央存保公司進

駐監管，2001年10月23日改為接管。2002年由金融重建
基金補貼標售，三次流標；第三次補貼金額619億，無
人承接。同年10月4日改由土地銀行接管。

中興銀行一位科長指出：「1999年底很多知情員工即
預言一定出事；一家對單一集團放款超過本行資本額的
銀行，怎麼會不出事？」這位科長說：「高層常逼我們
做不合程序的事，大家上班都帶錄音筆，萬一被交代非

拿印章搶銀行

搶銀行的方法有兩種：一是，拿槍搶銀行；一是，拿印章搶
銀行。拿槍搶銀行，風險極高，警方最近連破運鈔車搶案和左
營軍區銀行搶案，即是一例。相對地，拿印章搶銀行就安全多
了，景文的張萬利和東帝士的陳由豪都拿印章搶了銀行數十億
元，至今逍遙法外，就是明證。

政府的「金融重建法案」，準備動支六千億元，填平銀行的
呆帳窟窿。若問：銀行這本天文數字般的壞帳究竟從何而來？
答案很簡單：大部分是被人拿印章搶走的。

從李師科開始，拿槍搶銀行，不硬幹，就需要裡應外合。拿
印章搶銀行向來不能硬上，非有內應不可。冒貸或超貸之金額
若在千萬元以下，分行經理堪當內應。但是，這種搶法，毛賊
罷了，難稱大盜。雖然不是大盜，惟聚沙成塔，一萬筆千萬元
的毛賊呆帳，疊在一起，就是1千億元。

毛賊之上是大盜，大盜作案的手法絕妙：先蠱惑政府紓困，
讓部會當內應，再誘逼銀行團貸款，等蓋章領走數十億的鈔票
後，大盜就放倒債務，揚長而去。我國有史以來的紓困案，都
是大盜搶案。相信否？台灣銀行團的紓困貸款，從來沒有一筆

法的事，才有證據自保。」又說：「這種事情太常發生，但員工只敢發黑函檢舉，大到上億，小到數百萬元的案子，偷偷傳眞到金融局的檢舉信不計其數。」

　　爲什麼有人只敢發黑函，或私下向媒體透露，但無人肯站出來「吹哨子」？其實我們看了政府的反應就明白。在一個人民對政府和司法缺乏信心的國家，「吹哨子」不是明哲保身之道。

完全清償！

　　大盜之上，還有巨寇。巨寇之上，更有國賊。

　　巨寇的專長是自己開設一家銀行，然後搶光自家的銀行。銀行掏空後，諾大的錢坑就丟給國庫填平。

　　至於國賊，國賊就是打包好國家開的銀行讓私人搶著跑。例如，官股可以完全左右的兆豐金控，近來，竟然冒出了一位民股的董事長。

　　被各類盜匪拿印章搶走錢的銀行，已經山窮水盡了。所以，「金融重建法案」乞求納稅人給政府6千億元，拿去救濟各家銀行打消呆帳。如果國人說不，金融危機就在眼前，銀行可能一家接著一家倒。如果國人說好，晚上大概會恨得牙癢癢睡不著覺，因爲，購屋貸款已經欠下銀行一大筆本金、利息待償，如今還得分攤銀行遭搶的虧損，叫人如何甘心？

　　想出一口氣嗎？國人應該同聲謝謝監察院，因爲，監察院狠狠地糾正了行政院。糾正理由雖然千百項，但是重點就是一句話：這個政府沒有作好金融監理工作，放縱惡人拿印章搶銀行！

〔施俊吉（中研院社科所研究員），《中國時報》，2003年6月19日〕

　　通常認為「吹哨子的人」最大的困擾，在於「忠於公司」與「避免災害」兩個倫理原則的衝突。不過如果公司做出不法勾當或違背所謂天理良心的事，已經失去資格成為我們效忠的對象，這正像孟子所說的：「聞誅一夫紂矣，未聞弒君也。」

　　「吹哨子」的困難常在於無法掌握完全的情資，不易說服投訴的對象，反而可能為自己招惹麻煩。即令所檢舉的事千真萬確，也不一定能水落石出，反而可能因此遭受迫害，禍福難卜。2004年5月6日《遠東經濟評論》封面故事的標題是：「吹哨子的人，中國警察欲將此警消音。」（Whistle-Blower, China's Police Want To Silence This Cop.）說的是廣西省一位女警官張耀全（Zhang Yaochun）。她原為中學教師，一心想要為民服務，1995年通過一連串測試，錄取為警察。然而她看不慣當地警察腐敗、濫權，包括出賣槍械，折磨人犯，甚至靠人情、金錢換取職位。1999年張耀全向黨派來的調查人員提出檢舉，結果被她服務的警局兩度藉詞免職，甚至恐嚇取她性命。目前張耀全仍在北京繼續陳情。這是「吹哨子的人」常會遭遇的困難。

註1：Sun Chen,"Investment in Education and Human Resource Development in Postwar Taiwan", in Steven Harrell & Huang Chuin-Chieh, eds., *Cultural Change in Postwar Taiwan*, Westview press, 1994。

註2：劉玉珍，《鐵頭風雲 —— 趙耀東傳奇》，聯經，1995年，頁237。

註3：趙耀東，《平凡的勇者》，天下文化授權黎明文化出版，1993年，頁178。

註4：同註2，頁238。

註5：高清愿口述，趙虹著，《高清愿咖啡時間》，商訊文化，1999年，頁35。

註6：同註5，頁53。

註7：莊素玉，《無私的開創 —— 高清愿傳》，天下文化，1999年，頁244。

註8：同註7，頁246。

註9：David Stewart, *Business Ethics*, McGraw-Hill, 1996, PP.223-225。

註10：孫震，〈善良的人心懷感謝〉，《人生在世》，聯經，2003年，頁89-90。

註11："ought implies can" 和 "do no harm" 二原則均根據David Stewart, *Business Ethics*, PP.226-228（同註9）。

註12：《天下雜誌》，2002年12月1日，頁122。

註13：施俊吉，〈拿印章搶銀行〉，《中國時報》，2003年6月19日。

第六章

股東、董事會、公司統理

企業價值比公司首長的薪酬和股票價值更重要。信任、忠誠和公正才是企業最根本的價值，對企業之永續發展有重大的關係。

股權結構與公司組織型態

現代企業經營的主要形式是有限責任的公司組織，由股東選舉董事組成董事會，聘請經營團隊，從事營運，其目的在為全體股東謀取長期最大的利益。不過，董事會成員的利益並非在所有時間都和一般股東的利益一致，而公司所有權（ownership）集中抑分散的不同，影響董事會成員的身分或特質，使董事會與一般股東之間的關係趨於複雜。

根據世界銀行的研究，各國所有權結構（ownership structure）與其法規制度有密切的關係。通常法規制度薄弱、對投資者保護不足之處，所有權傾向於集中，董事會由大股東主控，以求自保。發展中國家多屬這種情形。已開發國家，有健全之法制保護，股權較為分散，董事會多由專業人士組成，受眾多股東之委任，統理公司大計。不過各國情形並非完全一致，例如德國和瑞典雖有健全的法制保護，卻有集中之所有權結構（註1）。

所有權集中、董事會由大股東掌控的利益，在於大股

東的利益與公司營運的績效一致，因此更熱心督導經營團隊為公司的目標努力。在大多數情形下，大股東根本就是董事會的董事長和公司的「執行長」（Chief Executive Officer, CEO）。世界銀行的研究顯示，所有權集中之公司，如掌權之股東有適當的誘因（appropriate incentives），而董事會外的股東又有較多的節制之道，往往會獲致較多之利益。世銀的報告指出，一項對東亞各經濟體企業之研究發現，市場對主控股東（controlling shareholder）持有較多股權之公司，賦予較高之價值。除有主控股東外，如法規制度賦予股東監督資源與利潤分配之權，則投資者更願以高價購買其資產（註2）。

台大財務金融系的李存修教授在其研究中也發現，主控股東的持股高低與公司經營績效有顯著之正向關係。主控股東持股太低，容易發生剝削小股東之行為。根據李教授的研究，台灣的主控股東常藉由金字塔與交叉持股以增加其控制，以致60％以上之公司背後均有主控股東（註3）。

在經濟發展中累積巨資之企業家不斷投資創新之事業，跨足相關經營，形成企業集團（business groups）。世銀對企業集團之定義為：若干在不同市場從事經營但由同一中央部門掌控之公司。集團成員之規模大小可能不同，但通常由大公司加以主導。擁有各公司股權之共同董事為集團之決策提供了協調機制；集團成員之間通常係因家族與社會關係結合在一起。世銀根據一項對14

個發展中國家上市公司之研究指出，集團公司之資產占全部上市公司資產之平均百分比，1990年逾52％，1997年達59％。

世銀的報告指出，發展中國家企業集團在廠商資源配置過程中扮演重要的地位。雖然這些國家近年金融與貿易自由化有很大的進展，但集團主掌資源配置的情形並無減少跡象。以東亞國家而論，印尼、菲律賓與泰國15個最富有的家庭擁有各該國上市公司50％以上之資產，相當於各自國內生產毛額（GDP）的20％強。但在日本，15個最富有家庭所控制的上市公司之資產不到GDP的3％。

世銀的研究認為，企業集團的產生可視為私人對市場制度不健全的因應之道，例如，由於缺乏健全可靠的金融與資訊中介機構，資本市場評估投資風險與提供投資資金的功能不彰，企業集團可形成一內部之資本市場，以協助新創設的公司取得資金，並於金融緊縮時協助成員度過難關。

企業集團的另外一個利益是內部人才可加以調動，以達到適才適用的目的，並強化績效不佳公司的經營團隊。例如統一企業的高清愿將總經理職位交給林蒼生，十年後又調南聯貿易總經理顏博明回統一擔任執行副總經理，以彌補林蒼生的業務經驗不足與決策過於謹慎。高清愿投資統一超商，初由統一企業的副總經理吳英仁轉任總經理，虧損多年，後來由顏博明取代，顏博明授權精於通路的徐重仁，終於使統一超商轉虧為盈，成為

統一集團的重要事業，對台灣人民的生活發生重大的影響（註4）。

　　企業集團的各個公司雖然互補互助，具有所謂「外部經濟」（external economies）的優勢，然而穩健的投資方向，善用現有公司之關聯關係，並慎選熟悉的投資項目，畢竟是企業經營的重要原則。如企業集團過於膨脹或擴充過速，致投資於不當之事業，發生虧損，可能使整個集團受到拖累。加以過分運用財務槓桿，資金結構日趨脆弱，極易發生危機。1997年東南亞各市場國家發生金融危機，半年之間席捲東亞各國，台灣也難倖免。這些國家在外資大量流入，市場一片樂觀氣氛下過度投資，是產生危機根本的原因。

　　以家族為核心的企業集團往往因為不能重用外部人才，一旦雄才大略之家族精英凋謝，後繼乏人，即難以為繼。相形之下，已開發國家，法制健全，股權分散，大公司之董事會多由專家統理，較能起用人才，創造績效。不過專家組成之董事會所關心的目標和利益，可能與眾多股東不同，例如更樂於從事公益活動以提高公司的知名度，重視公司業務的擴充勝於股東的利益等。

股價、股利與企業價值

　　不論公司的股權結構集中抑分散，對公司發展最重要的因素是有一個正直、專業，為全體股東利益服務的董

事會。全球華人競爭力基金會董事長石滋宜在一篇電子報講義中說：

公司治理最重要的，便是要有「真、善、美」的企業文化——以「真實、關心、美好」為企業經營的出發點，正派經營，不賺不應該賺的錢，故公司治理是關乎「人心」的問題（註5）。

石滋宜所說的「正派經營，不賺不應該賺的錢」，應就是符合史密斯公正的原則。凡參與公司活動的生產因素都按照其市場價格得到報酬，不製造污染或已加以補償，剩下來的利潤分配給股東，或保留一部分用於再投資以增益資本。由此可知，公司不僅為股東賺取了利潤，也為社會創造了增加的價值，也就是GDP，而利潤可視為社會對創造GDP的獎勵。利潤率的高低衡量資源使用的效率，社會根據利潤率的高低，將有限的資源分配給使用效率最高的用途。

統一企業的創辦人高清愿先生說：

我始終認為，一位經營者最重要的責任，就是認真經營事業，其所念茲在茲者，則是如何有效經營，如何提高生產力，降低成本，冀以在年終時，交給股東一張亮麗的成績單（註6）。

高清愿於1968年創立統一企業，不斷擴充，積極多角

化，開發新事業，三十年後，當年投資1萬元，在第三十年時已增值到2千2百萬元（註7）。

股東的利益來自股利及因股價上漲所產生的資本利得。理論上，股票價格應為預期未來各期資本收益以當前利率貼現為現在價值之和。因此資本之預期收益增加使股價上漲，利率上升使股價下跌。預期收益受很多因素的影響，包括公司本身營業的狀況，經營環境的變化，經濟景氣盛衰，國家與世界經濟展望，政府的政策，國際收支變動，貨幣數量變動，國際資金流動，匯率變化，預期心理的樂觀或悲觀等，加以股價變動產生資本利得（capital gain）或資本損失（capital loss），引起投機者的追逐或逃避，致使股價脫離基本因素，任由供需決定，因此常有股價上漲時過度上漲，下跌時過度下跌之傾向。

美國在二十世紀結束前的二十年中，由於科技產業蓬勃發展，公司利潤占國民所得的百分比從1980年代初期的7-8％提高到1990年代末期的11-12％（註8），投資大眾對高科技發展，特別是1990年代後期對網路經濟發展的憧憬，使股票價格大幅上漲，造成所謂「資產價格膨脹」（assets price inflation）。股票市場賺錢容易，使很多人捨本逐末，追逐金錢遊戲。2001年美國經濟泡沫破滅，經濟陷入衰退，2002年上半年，發生一連串企業醜聞，引起美國甚至全世界對公司統理（corporate governance）的重視。

二〇〇二年8月19-26日*Business Week*亞洲版報導「春

田再製造公司」（Springfield Remanufacturing Corp.）史泰克（Jack Stack）先生的故事。史泰克在過去十年，每年夏天都到麻省理工學院（MIT）史隆管理學院，向參加「巨人培育營」（Birthing of Giants Program）的年輕企業領袖介紹春田的理想和價值。春田於1980年代末興起，是管理階層與工作階層在信任和擁有文化中合作成功的範例。

一九九〇年代後期，網路時代興起以來，史泰克從參加MIT講習的學員身上看到美國人態度的轉變。他們對自己比對公司更有企圖心；他們成立組織圖一時之利而非長期經營；他們對股價比對公司的利潤更熱心。在他們眼中，史泰克簡直迂腐過時。史泰克自己甚至也懷疑起來。太多年輕的企業家沈迷於快速發財，然後退出職場，享受人生。

史泰克說：「其實企業所重視的是價值。」不過，安隆事件與泡沫經濟之後，企業倫理重新獲得重視，世人終於明白，企業價值比公司首長的薪酬和股票價值更重要。信任、忠誠和公正才是企業最根本的價值，對企業之永續發展有重大的關係。

台灣在1980年代後半也發生資產價格膨脹、泡沫經濟的問題。主要因為1980年代中期，政府維持新台幣偏低的幣值，導致貿易順差不斷擴大，外資大量流入，貨幣供給因而快速增加。當時對外貿易已全面開放，商品價格受國際價格節制，不易上漲，於是巨額資金流入資本市場和房地產市場，使股票價格和房地產價格扶搖直

上。很多企業由此獲利，再以股票或房地產質押或抵押借款，擴大投資。

及至進入1990年代，資產泡沫破滅，很多企業發生財務困難。我們觀察台灣的企業集團，凡有建築事業者，幾乎無一不背負重債，陷入困境。1997年爆發東亞金融危機後，他們的處境更為困難。1998年以來，政府出面紓困，雖使若干企業得到喘息的機會，等待東山再起，但也有若干企業，利用銀行融資的機會，掏空公司資產，形成弊案。

例如安鋒鋼鐵1998年向財政部申請紓困被拒絕，但中華開發與15家銀行組成銀行團提供新台幣51億之貸款，撥款不到半年，即週轉不靈而連續跳票。

二○○二年12月1日《天下雜誌》的專文報導有下面一段話：

更讓大家很難服氣的是，大企業不但利用錢、勢要求更多特權，更可惡的是，不法掏空金融體系的，至今仍逍遙法外。法官欠缺專業，法規嚴重落伍，再加上政治不時插手，司法拿他們一點辦法也沒有。全民被迫擔負起補破洞的責任（註9）。

雖然企業界的騙局時有所聞，但我們寧願相信所有企業在成立之初，都想正派經營，以其對社會的貢獻賺取利潤。然而如環境逆轉，發生困難，私利和公益不能兩全，就會有不能堅持良心道德者，犧牲公益以成就私

利。環境固然不能做爲做壞事的藉口，但國家最好有健全的制度加以節制，不使做壞事者易於成功；政府的政策亦不可製造機會使人陷於困境，雖然政策可能出於善意。

銀行逾期放款

根據財政部金融局、中央銀行金檢處和中央存保公司檢查金融機構授信業務的經驗，放款容易發生的缺失，有以下各種原因：(1) 徵信失實，未能反映實際情況；(2) 核貸手續缺失，難以確保債權；(3) 借款用途及還款來源異常，未能注意及之；(4) 擔保品鑑價及管理不當，不足以償付貸款；(5) 放款事後管理不當，對放款用途失去掌控；(6) 催收過程缺失，無法求償。

自從1997年下半發生東亞金融危機以來，台灣金融界的逾放比率大幅提高，而公營銀行較新成立的民營銀行爲高。包括三商銀在內七家公營銀行平均逾放比，1997年12月爲3.73％，以後逐年提高，2002年2月達7.82％，民營銀行的逾放比，2001年9月中興銀行爲51.9％，泛亞銀行爲9.67％，餘均較公營銀行2002年2月的平均逾放比爲低。

我們冷眼旁觀可以感到，造成銀行逾放比偏高的原因中，工作階層作業疏失只是較不重要的一部分，過去四、五年間逾放比大幅提高的現象，正可以說明此一事實，因爲至少逾放比增加出來的部分必然另有其他的原因。這些原因主要有以下數項。

(1) 金融機構的管理高層利用權勢和內部關係，盜用資金，引起危機，由政府指定公營銀行援手，形成後者的負擔。這類金

公司統理

公司統理就是英文的corporate governance，一般譯為公司治理。不過許士軍教授認為，更妥切的中譯應為公司統理。因為公司的董事會係由股東選舉董事組成，受

融機構大致是非正規的地方金融單位，由地方上的政治角頭把持。(2) 銀行高層，通常是董事長、總經理和若干常董，勾結廠商，內神通外鬼，掏空銀行資金，政府如伸出援手，加以挹注，正好給他們再次飽入私囊的機會。(3) 政商關係良好的財團，投資失敗，由政府指定銀行融資，愈陷愈深，無法自拔，大多數情況均看不出有清償可能。(4) 經濟衰退，很多廠商遭遇困難，政府出面「紓困」，要求銀行給予緩衝機會，延期還款，或續予融資。由於純粹的民營銀行較能抗拒政府的壓力，因此受累較少，但也非可以完全不顧政府要求，因為畢竟在政府管理監督之下，不乏有求於政府之時。至於公營銀行或名義上民營，但政府仍為大股東，可以決定人事之民營銀行，則不得不遵照政府指示辦事。因此公營較民營有較高之逾放比。

其實逾放比只是一種帳面處理的方式，只反映問題的一部分。若干逾期放款，銀行援用主管機關的從寬解釋，並未列入逾放；亦有若干逾放，實際上已成壞帳，等待打消。因此政府降低金融機構之營業加值稅，以提供補償管道。最後都必然成為納稅人之負擔。高希均教授說：「錯誤的決策比貪污更可怕。」一點都不錯。傅利曼教授有句名言：「花別人的錢不心痛。」我們應三復斯言！

（孫震，《人生在世》，聯經，2003年，頁107-109）

股東委託，聘任經營團隊，決定大政方針，監督執行。董事會統而不治，並不直接治理公司，治理也就是管理，是經營部門的任務。許教授用國父孫中山先生的「人民有權，政府有能」作比喻，股東有權，委由選出來的董事為代理人，經由董事會行使；經營團隊有能，在董事會的監督下，追求董事會要求的目標（註10）。

傳統上公司的統理權只屬於股東，由股東委託選出之董事代為執行。然而隨了利害關係者（stakeholders）觀念的流行，尤其是在歐洲，其代表也可以通過立法進入董事會，為利害關係者發言。所謂利害關係者除股東外，尚包括員工、顧客、供應商和所在之社區，甚至擴大為整個社會。關於利害關係者的理論下章再加討論。

一九九〇年代美國股票市場表現亮麗，一般企業追逐股價，漸至忽略根本。什麼是根本？企業的根本是誠信勤樸，照顧員工，關心顧客，以效率與創新滿足顧客的需要，甚至啟發顧客潛在的需要，賺取利潤，回報股東。利潤率在資本市場上表現為股價。然而股價和所有商品的價格一樣，決定於供需，而各種對影響供需因素樂觀或悲觀的預期，常使其脫離利潤的基準，但終將回歸基準。高清愿先生說：

　　至於公司上市後，股票價格的高低，根本就不是經營者的責任。畢竟影響股市的因素太多，其中更有非經濟因素，非人力所能逆轉，在這種情形之下，意圖靠單方面的力量，來左右股價，無異是螳臂擋車，長此以往，

一定是賠了夫人又折兵（註11）。

　　當愈來愈多的公司日益忽視其統理職責時，社會對公司統理在企業健全發展與整體經濟成長方面的重要性，也日益加以重視。1990年代後期，美國的機構股東（institutional shareholders），例如：基金、保險公司，學者、專家，開始要求公司的董事會加強監督，嚴格審查公司的策略規劃，督導經營團隊達成營業目標。然而直到2000年，美國由資產價格膨脹所導致的泡沫經濟破滅，2001年經濟陷入衰退，2001年12月安隆公司聲請破產，及其後一連串企業醜聞，至7月世界通訊醜聞，才引起公司統理法規與制度的全面檢討。美國這次經濟衰退從2001年2月到11月，其實只有十個月，然而直到2003年始乍露曙光，接著表現出強勁的生產力提高與GDP成長，正反映出這段時期從疑慮到改革，終於在公司利潤和勞動生產力、經濟成長率上面表現出來。

　　台灣若干企業在1990年代初資產膨脹破滅，股價暴跌，房地產滯銷，很多企業受到不利的影響，財務發生困難。經過1990年代前期的努力，到1990年代後期，喘息甫定，又爆發1997-1998年的東亞金融危機，若干企業陷入困境。其中不乏公司負責人掏空公司，將公司資產，包括銀行奉命紓困的資金，飽入私囊，使銀行系統的壞帳（NPLs）比率大幅上升，貸款態度趨於審慎，企業經營愈趨困難，經濟成長率降低。在眾多企業與銀行發生弊端時，董事會形同虛設，似乎完全不發生作

用，甚至根本就和主謀者，通常正是企業或銀行的董事長沆瀣一氣，吃定一般股東、利害關係者、政府和金融機構，最後所有負擔都落在全體納稅人身上。2000年台灣證券交易所及櫃臺買賣中心修訂相關規章，要求公司申請上市上櫃時應先設置獨立董監事。

美國*Business Week*從1996年開始每年發布公司統理報告，報導最佳和最差的董事會。2000年的報告中增加三個新的項目，即改進最多的董事會、尚需努力的董事會與「蒙羞榜」（Hall of Shame）。總編輯施帕德（Stephen B. Shepard）在2002年10月7日的編者留言中說：

在狂熱的牛市中（bull markets），公司統理良窳對投資者可能影響不大。唯當公司發生問題時，投資者立刻會問：「董事會哪裡去了？」一旦CEOs被傳喚作證，或股價在會計舞弊傳言中崩盤，或高層經理人員的薪酬惹人側目，一切都來不及挽救。

*Business Week*視為優良統理的原則（principles of good governance）如下（註12）：

(1) 獨立性（independence）

董事會不應有兩位以上之董事為公司現在或過去之主管；不應有任何董事與公司有業務來往，或自公司接受顧問或諮詢費用。審核、薪酬與提名委員會應完全由獨立董事組成。

(2) 股票擁有（stock ownership）

每一董事至少應有US$150,000公司之股權；股票選擇權（stock options）不包括在內，新進董事尚無時間購得足額股權者不在此限。

(3) 董事資格（director quality）

董事會至少應有一位獨立董事具有本公司核心業務之經驗，另外一位獨立董事為與本公司同樣規模公司之CEO。全職董事不應擔任4家公司以上之董事。董事至少應出席75％之會議。

(4) 董事會活動（board activities）

董事應經常召開無管理階層參加之會議，每年並應評定本會之表現。審核委員會每年至少應開會4次。董事會對主管之待遇應本節儉原則，對CEO之人選應果斷，善盡監督職責，問題發生時迅速採取行動。

董事會與公司統理

現在我們看*Business Week*如何評定最佳和最差的董事會。2002年最佳的董事會排行榜第一名是3M。3M董事會以獨立性獲得高分，其9位董事中只有1位是內部董事。外部董事包括Lockheed Martin、Allstate 和Amgen的CEO。審核委員會（audit committee）召集人為西爾斯（Sears）前財務長（CFO）。董事中無人與公司有業務關係。

獲選最佳董事會第二名的是APRIA保健（APRIA

梭羅看企業醜聞

二〇〇二年8月1日出版的《天下雜誌》發表了美國麻省理工學院（MIT）梭羅（Lester C. Thurow）教授的一篇專文，題目是「資本主義是個不公平的騙局」。這篇文章的內容恰好證明了本書作者在本章和本書其他地方想要闡述的兩個要點。一個是我們總想尋求一種十全十美的制度，在任何情形下都能防弊興利。然而這種制度可能根本不存在。實際上所有制度都不免顧此失彼。因此我們應時加檢討，根據現實，調整設計。另外一個是在一般情形下企業總希望能正派經營，正正當當賺錢。然而不幸情勢逆轉，面臨困境，乃採不當做法因應。最初可能只希望藉以渡過難關，不幸愈陷愈深，終至無法自拔，直到東窗事發，成為醜聞。

梭羅在文章中說，在美國歷史上每次牛市榮景走到末尾，都會發生弊端。1930年代大蕭條前夕，股市盛極而衰，弊案連續爆發，催生了證券交易委員會（Securities & Exchange Commission, SEC）及沿襲至今的大部分會計和財務法規。

梭羅說，假帳從來不是會計師憑空捏造。會計師的工作是查帳、簽證客戶自己所作的財務資料，如有舞弊也是客戶自己所為。會計師如果知情不報，雖有共犯之嫌，但並非舞弊的教唆者。且客戶是受雇者的衣食父母，很難不配合客戶的需求。

梭羅以寬容的態度看待會計師在企業醜聞中的角色和責任，然而會計師如不能發現客戶的假帳，自屬失職；如同時擔任客

戶財務顧問，兩種角色利益衝突，更屬不當。因此安隆案後，改進的辦法之一，就是定期更換會計師，一方面可避免賓主之間，日久串通，另一方面後期之會計師會查考前期會計師的缺失，前期之會計師亦會知所警惕。此外，簽證會計師不得擔任同一客戶公司的財務顧問。

梭羅認為，安隆、默克、世界通訊等弊案不是資本主義的異數，而是正常事件。他說：資本主義體制是健全的，問題在於往往因為經濟事件的壓力，使若干人走上不法途徑。當繁榮到達尾聲時，好景已成過去，但大家都得達成財務目標，營收和獲利必須符合分析師的預期，企業內部有人達不到目標就得下台走路，為了生存，於是在數字上動手腳。時間一久，小修改變成大造假。無人願面對現實。很多人心存僥倖，以為一旦景氣恢復，就會讓這些作假膨風的數字「弄假成真」，下一季的營收和獲利可以挪給這一季，填補帳面數目的缺口。

梭羅說：那些為了防範弊案再度發生所訂的新法規，宛如還在打上一場戰爭的將軍，這些新法規如早已存在，今天的弊案就不會發生，但並不能阻擋明天的弊案。因為明天的弊案會從新的漏洞爆發。

〔梭羅為美國麻省理工學院教授，〈資本主義是個不公平的騙局〉一文出自《天下雜誌》，2002年8月1日，頁32-34〕

Healthcare）。APRIA最爲統理專家所欣賞，其董事會有三位著名股東權益運動家（activists）；董事長和CEO由不同董事分任，這是一般公司所罕見。當董事們發現前CEO之妻受公司聘僱任職時，迅即提出動議接受前CEO之辭職。

第三名是高露潔（Colgate Palmolive），其董事對公司投入甚多，甚少擔任其他公司之董事。薪酬委員會爲CEO Reuben Mark訂有獎勵金於股價上漲10％至70％時始予支付之規定。

現在來看2002年最差的董事會第一名蘋果電腦（APPLE）。蘋果電腦的創辦人傑伯（Steve Jobs）僅有公司股票兩股。最近離職的董事埃里森（Larry Ellison）甚至一股都沒有，且在過去五年中缺席25％以上之會議。微電腦量販店（Micro Warehouse）的CEO爲其薪酬委員會委員，2001年蘋果電腦銷貨淨額中將近2.9％售予該公司。自2000年以來，董事會獎酬傑伯2千7百50萬股票選擇權，及價值9千萬美元的噴射機。傑伯和GAP的CEO Mickey Dresler互爲彼此公司之董事（inter-locking directorship）。

董事會第二最差的公司是CONSECO。2000年公司以4千5百萬美金重金自GE Capital延攬Gary Wendt爲CEO。其後公司業績下滑，2002年7月股票跌至US$1上下，董事會仍付予Wendt 8百萬美元獎金。8月，股票自Big Board除名，2002年10月以7美分交易。CEO無所不在。董事會如無CEO出席即不開會。

最差第三名是迪拉德百貨（DILLARD'S）。董事長威廉・迪拉德（William Dillard）於2002年2月逝世。此前，在他所主持之董事會中有7位董事與其公司有連帶關係，包括他自己的4個兒子。董事會無提名委員會，人事由CEO一手挑選。由於三分之二的董事係由未上市B級股票擁有者選出，迪拉德不受紐約證交所（NYSE）

別怪我！

幾位知名企業家在面臨公司危機時所用的藉口：

安隆是一家龐大的公司。我能知道公司每個地方的每件事嗎？──Kenneth Lay（安隆前董事長及CEO）

你必須依賴別人，你必須信任別人。你必須相信，你必須授權……我根據提供給我的資訊簽署，根據我被告知的簽署。──Richard Scrushy（HealthSouth公司前董事長及CEO）

Bernie Ebbers並不知道Scott Sullivan重新分配數十億元資金的會計決定。──Reid Weingarten（世界通訊前CEO Bernie Ebbers 的律師）

John Rigas 有權信賴專家和他自己的員工，以正確處理財務事項。──Peter Fleming（Adelphia公司前董事長John Rigas的律師）

（*Business Week*, July 26, 2004, P.36）

統理規章之限制。

二○○四年5月17日的*Business Week*亞洲版發表其對歐洲和亞洲公司統理的第二次年度報告，指出兩地皆有進步，惟亞洲需要努力之處尚多。包括：很多公司無審核委員會和薪酬委員會，所謂獨立董事也多為董事長之高爾夫球友或大學同班同學。大股東依然在其所控制之未上市公司與上市公司間轉移資產，矇騙小股東。防止此類濫權之規章雖有，但未認真執行。健全之公司不易建立，主要因為亞洲大多數公司由單一股東集團擁有，通常為一家族；新加坡則為政府。

以西方和亞洲相比，西方國家的問題是如何監督、節制受雇之管理階層，以保障股東的利益；亞洲國家的主要問題則為，如何防止家族公司剝削小股東的利益與侵占國家的利益。

在亞洲國家中，新加坡的公司雖多為國有，但因多聘獨立董事，擔任要職，免為政府官員所操控，所以獲得較高之評分。例如排名第一的新加坡電訊（Singapore Telecommunications）係由李顯揚主持，其兄為時任副總理的李顯龍，其父為前總理李光耀，但董事會由泰商暹羅水泥（Siam Cement）的總裁Chumpol NaLamlieng擔任董事長，董事之中75％以上為獨立董事，董事會之審核委員會、薪酬委員會與提名委員會完全由獨立董事組成。日本的公司多因外國股權獲得較高評分。例如外國機構投資者擁有新力公司（Sony Corp.）38％之股權，擁有排名第四Hoya公司（Hoya Corp.）一半以上之

股份。而排名第一的Nomura Holdings 為最早的日本公司之一，廢除經營主管與董事按年資計酬的退休獎金制，改為美國式股票選擇權，將對董事之獎勵與股東價值最大化之目標連結在一起。排名第二的新力亦為最早的日本公司，於去年採用美式董事會，其審核、薪酬、提名委員會多數委員為外部董事。

　不過理想的董事會並非只有一種形式，而且形式上符合理想的董事會也非一定是業績優良的公司。2002年10月7日*Business Week*同時報導了一家公司統理不健全，但經營業績亮麗的公司，就是美國國際集團（American International Group Inc., AIG）。AIG的董事會由20位董事組成，人數多，會議時難作深入的討論。內部董事太多，共有9位董事為公司之主管。其獨立董事中缺少在職公司主管。不久之前，董事會尚無單獨之提名委員會，以確保外部董事為真正獨立之董事。更過分的是，其7位內部董事中，包括董事長兼CEO格林伯格（Maurice R. Greenberg）控有並經營兩家未上市公司，與AIG有大量業務來往，使公司主管難逃自我交易與利益衝突之嫌。在統理專家的心目中，AIG之董事會為最弱的董事會。然而格林伯格領導AIG 三十三年，使AIG成為全世界最成功的保險公司。1969年AIG上市之初，其市值只有US$452百萬，2002年已超過US$1400億。1969年淨所得只有US$13百萬，2001年增至US$54億。在2002以前之五年中，AIG的表現輕易超過同業，以及標準普爾公司（Standard & Poor's）500股票指數。格林

伯格認為，業績優異反映其董事會陣容堅強，內部董事多，其利益和股東的利益一致。他說：「你能保證外部董事更多，公司經營就會更好嗎?」

董事同心協力，團結一致，共同為公司和股東的利益奮鬥，固然可能創造亮麗的業績。唯如缺少認真的監督，過分方便業績的追求，便宜行事，極易發生弊端。最近美國證交會（SEC）與司法部（Justice Department）認定AIG有協助客戶掩飾帳目，隱藏真相之嫌，展開調查。AIG則另有說辭。結果如何，猶未可知（註13）。諺云：「除山中賊易，除心中賊難。」企業為維護信譽，永續經營，仍應重視自我監督。

二十一世紀以來，公司統理的整頓或革命，基本上係對上個世紀末各國企業熱心金錢遊戲，追逐市場價值，捨本逐末，終於導致企業弊端所作的反應。因此理想的董事會組織傾向於保守防弊，欲藉外部或獨立董事，監督節制內部的經營團隊。我們較難看出董事會中積極興利的誘因設計。至於監督嚴厲的董事會是否會削弱經營團隊旺盛的企圖心則猶待觀察。

註1：The World Bank, *World Development Report 2002, Building Institutions for Markets*, The World Bank, P.59。

註2：同註1。

註3：李存修，〈淺談公司治理〉，《台大校友雙月刊》，2003年3月號，頁22-23。

註4：以上三段之內容，取材The World Bank, "Business Group", *World Development Report 2002, Building Institutions for Markets*, The World Bank, PP.60-61；統一集團的例子，請參看莊素玉，《無私的開創——高清愿傳》，天下文化，1999年，頁237與頁211-220。

註5：石滋宜，〈公司治理與外部董監事無干〉，《獨家報導》專欄，2004年5月8日。

註6：高清愿口述，趙虹著，《高清愿咖啡時間》，商訊文化，1999年，頁180。

註7：莊素玉，《無私的開創——高清愿傳》，天下文化，1999年，頁179。

註8：*World Economic Outlook, Asset Prices and the Business Cycle*, International Monetary Fund, May 2000, P.85。

註9：陳雅慧、楊麗君，〈銀行負債，大戶跑落，金改鬧劇花你多少錢？〉，《天下雜誌》，2002年12月1日，頁124。

註10：許士軍，〈統理乎？治理乎？——有關governance譯名之商榷〉，《許士軍談管理》，天下文化，2004年，第67章。

註11：同註6，頁181。

註12：*Business Week*, Asian Edition, Oct. 7, 2002, P.54。

註13：*Business Week*, Asian Edition, Oct. 18, 2004, PP.40-41。

第七章　企業的社會責任

政府的角色退縮，社會自然期許勢力日益壯大、掌握資源日益豐厚的營利部門，負擔起更多的社會責任，這就是所謂企業或公司社會責任理論。

企業公益

春秋時期的大謀略家、大軍事家，也是成功的商人陶朱公范蠡，由於司馬遷在《史記》中生動的描述，兩千多年之後，他的事蹟仍為人所津津樂道。然而范蠡最為人稱道的不是他的成功，而是他的功成身退；不是他的富有，而是他的富而好施。

越王句踐滅吳稱霸，范蠡是第一號功臣。然而他於功成之後，急流勇退，「乘舟浮海以行」，得以保全性命，並且在經濟領域中，另創事業的高峰。他的昔日同儕，也是幫助句踐滅吳雪恥的大功臣文種，竟被賜死。

范蠡離開越國後，先到齊國的東部，自稱鴟夷子皮，「耕於海畔，苦身戮力，父子治產。居無幾何，致產數十萬。」齊人知道他賢能，請他為相。范蠡說了下面的名言：「居家則致千金，居官則至卿相，此布衣之極也。久受尊名不祥。」乃歸相印，盡散其財，懷其重寶，間行以去，到了今山東西南部定陶，自謂陶朱公。「十九年之中三致千金，再分散與貧交疏昆弟。」司馬

遷稱讚他：「此所謂富好行其德者也。」

自古以來，有錢的人樂善好施，受人尊敬，爲富不仁，人所不齒，可以說中外皆然。

在西方，隨了資本主義經濟的發展，十九世紀以來，很多成功的企業家、資本家慷慨捐輸，爲地方興建學校、博物館、圖書館、音樂廳，各種運動與休閒設施，使當時與後世千千萬萬市民受惠。至今世界有名的大都市，如曼徹斯特、孟買、紐約、雪梨，到處可見過去的企業領袖捐資興建的公共建築，爲後人留下去思。著名的創業家如卡內基（Carnegie）、洛克菲勒（Rockefeller）並以巨資成立基金會，於身後繼續他們的慈善事業，貢獻社會，也發揮他們的影響力。

《經濟學人》（The Economist）在2004年7月31-8月6日號的一篇報導〈做事好與做好事〉（"Doing Well and Doing Good"）中說，十九世紀末期是公益事業的黃金時代，卡內基和洛克菲勒爲當時之巨人。卡內基深信，「死而富有，顏面無光。」（The man who dies rich, dies disgraced.）他於去世前將其巨額財富的90％加以處置。

富商巨賈爲什麼願意拿辛苦賺來的錢從事公益活動？理論上我們可以想到各種不同的動機。從最單純的方面看，第一，就是感恩、回饋，報答幫助他事業成功的社會。台南的企業領袖吳尊賢先生多次捐錢給台灣大學和台大醫院。他初次捐錢幫助台大成立學術基金時，堅持親自將支票送到學校，以表示他對受捐助人的尊重。他

去世前不久，又捐錢給台大興建「尊賢館」，幫助台大拓展國際學術交流。他在動土典禮時致詞說：吳氏子弟和「台南幫」各個事業的員工很多畢業於台灣大學，他和他的家人也長年在台大醫院看病，得以維持健康。他多次捐錢是要表達感謝之意。回想校長初次向他募捐不知如何開口的窘迫之狀，他說：「要讀書人開口向人家要錢，真比要他的命都難，今後我們更應主動捐錢，不要等人家開口。」吳先生生前和身後，他的基金會興辦的各種公益活動，也包含以下要說的仁慈與關懷社會的動機。

第二，單純出於仁慈之心，欲幫助社會上需要幫助的人。

第三，關懷社會發展，不管將重點放在經濟方面，科技方面，教育方面，或社會文化方面，都是希望社會未來更美好；但是並不考慮社會美好之後對自己有什麼好處。台灣屬於這方面的基金會，如遠東集團創辦人徐有庠先生為紀念其尊翁成立的徐元智先生紀念基金會，徐旭東先生為紀念他的尊翁成立的徐有庠先生紀念基金會。後者的公益活動目前集中在科技和高教方面，前者因有較久長的歷史和較豐富的財源，因而關照社會更廣泛的層面。當然其中也有徐有庠先生和徐旭東先生兄妹為彰顯先人功業和貢獻的孝思。

向複雜的方面看，我們還可以想到以下的動機：第四，透過公益活動，幫助社會發展，改善社會環境，使其更有利於本身事業的發展。台灣在民國四○年代和五

○年代美援時期，美國一方面在480公法項下贈送我國小麥，一方面先後選送共600位麵包師傅到坎薩斯市（Kansas City）接受製作西點麵包的培訓。這些種子師傅返國後，創業授徒，使台灣西點業發達，每多創新。很多人感到台灣的西點更勝美國，也使台灣長久成為美國小麥的重要市場。

有的公益活動始於單純的善念，但為了持久和擴大，發展為營利活動；因為財源不虞匱乏，好事才可能永續不斷地做下去。2003年12月去世的英業達副董事長溫世仁的黃羊川計畫，就是一個現成的例子（註1）。

黃羊川是大陸甘肅省的一處窮鄉僻壤之地，人口2萬3千餘人。當地有一所職業學校，住校生的早餐吃家裡帶來的饃饃配涼水，中餐吃涼麵湯配饃饃。由於學校缺少經費，學生喝不起煮沸的開水。2000年，英業達天津公司的總經理林光信博士去考察，他問校長：如果讓學生從早到晚都能喝到開水，每週都能吃三頓帶肉的湯麵，每個月需要多少錢？校長算了算說，要2500元人民幣。從此林光信每月奉獻2500元人民幣，讓300多個孩子有開水喝，可以吃好一點。

但是這並非久遠之計。英業達天津公司捐贈了電腦和網路設備給黃羊川職業中學，並派遣員工培訓學校裡的老師，幫助學校架設校園區域網，連接上網際網路。在短短的一年之間，讓學生看到了外面的世界，打開了他們的心胸，擴大了他們的視野，通過網路交易也改善了當地農民的生活。

　　溫世仁認為，如果只做一個黃羊川力量不夠，我們要做1千個黃羊川，藉此在西部培訓、雇用1萬名軟體人才。中國有8億農民，在大陸「改革開放」二十多年後，依舊過貧窮的生活，不能分享近年經濟快速成長的成果。溫世仁相信，藉著數位科技，農業社會可以跨越

始於公益，止於互利

　　回顧黃羊川短短一年多的蛻變，是什麼讓黃羊川一改從前貧窮的面貌，讓學校散發出從來沒有過的蓬勃朝氣，並且籠罩整個鄉鎮？追根究柢，黃羊川案例的成功首先應歸功於「利他精神」和「愛人如己」的主導思想，以及「營利為本」的企業運作方式。過去不少其他地方也有捐贈電腦和設備的案例，結果反而造成受贈者更加仰賴有錢者所捐贈的錢財和物資。在黃羊川案例執行的過程中，秉著「利他」精神和「愛人」的心，英業達不僅僅只捐贈電腦設備，更和學校保持長期合作。不僅僅為他們連上網路，還提供了網路的技術培訓和支援。許多熱心的員工不僅捐款送書，還充當親切的大哥哥、大姐姐，一對一輔導成長中的學生。

　　許多人不理解，為什麼我們在西部貧困地區投入這麼多，卻不要求回報。雖然眼前的西部地區是貧困的，但用商業眼光來看，這裡才是今後增長幅度最大的地區。在資訊網路時代裡尚未開發的中國大西部，到處都是商機。這些商機裡，有許多需要培養，需要長期投資，雖然有的商機眼下還不能夠生產回報，但中國有句老話說得好，「前人栽樹，後人乘涼」，為了能夠讓西部貧困地區的經濟得以儘快發展，打下雄厚的基礎是

工業社會直接進入資訊網路社會，發展知識經濟。於是
他推出「千鄉萬才」計畫。2002年他在開曼島登記成立
Town and Talent Technologies公司，在北京成立「千鄉
萬才」公司，由林光信任總裁，計畫在五年內投入5千
萬美元，複製1千個黃羊川模式，以校領鄉，將農村社

不可或缺的工作。因此我們提出了「始於公益，止於互利」的
「千鄉萬才」計畫，就是把「黃羊川模式」複製到1千個貧困的
鄉村，讓這些學校能夠培養出懂英語的軟體人才，從而公司今
後能夠雇用數萬名掌握軟體、英文、打字（SET）三項基本技
能的貧困地區人才。

　為了使更多地區能夠得到數位化的支援，「千鄉萬才」公司
必須有能力盈利，沒有盈利，公司就不能壯大發展，就會坐吃
山空，不但不能使更多貧困地區得到幫助，更不能維持與以前
學校的合作。那麼受損的不僅是「千鄉萬才」公司，更是這些
貧困地區。我們必須不斷尋找可以開發的商機，培養人才、產
品和市場，與貧困地區共同成長，同時創造出自己的盈利模
式。基於「盈利為本」運作原則，英業達（天津）公司對黃羊
川職中的「幫助」很快變成與學校的「合作」。網際網路的潛
力，讓許多績效都彰顯出來。學生和鄉民的觀念也隨之改變，
眼光放遠了。在那裡，年輕人看到了未來的遠景，也已經再次
變得生氣勃勃，年老的人在睡著的時候也開始做夢了。

（溫世仁，《溫世仁觀點 —— 中國經濟的未來》，天下文化，
2003年，頁117-119）

會轉化為資訊網路社會。這其中有無限的商機。溫世仁說「千鄉萬才」計畫「始於公益，止於互利」。要以企業的精神經營，能賺錢才有能力做下去。林光信說：「只給錢、給物資，是不負責任的行善。」

第五，經濟發展雖然使總產量和人均所得增加，但也引起分配不均，並對自然環境造成污染和破壞。企業公益有補償、分享、睦鄰和取悅社會的意義。畢竟在有敵意的環境中，有錢也難令人安心。

成長、平均與自由

隨了早期資本主義經濟發展與隨之而來的弊端，如所得與財富分配不均，勞動階級失去生產工具（means of production），受到資產階級剝削，而貧窮、失業，引起社會主義和共產主義思想的發展。進入二十世紀，各國的經濟制度，大約經歷兩條路線的改革或修正。一條是1917年蘇聯革命成功，將生產工具收歸國有，實施中央計畫的共產主義經濟制度。第二次世界大戰後，在蘇聯勢力範圍的東歐各國、東方的北韓、中國，和北美的古巴紛紛加入共產計畫經濟的陣營。蘇聯式的中央計畫經濟在1950年代和1960年代一度成為所謂「比較經濟制度」的顯學，但實踐終於證明其並非經濟有效，不但未能改善人民的生活，而且徒然犧牲了人民的自由。

共產主義最大的缺點，在於：

(1) 缺少自由市場和價格機制（price mechanism），不能有效分配資源，以最少的成本獲得最大的效用。

(2) 缺少獎懲制度（incentive system），使社會大眾在市場的引導下，各盡所能，共同推動經濟的進步。

另外一條路線是在資本主義的基礎上，擴充政府的任務，包括經營若干營利事業，與提供各種社會救助和福利。前者形成國有或國營事業。由於政府的干預，公務機關的程序繁瑣、作風官僚，工作人員的公務員心態，及缺乏合理的獎懲制度，國營事業常被認為缺少效率，事實也往往如此。不過國有事業如果能和現代西方股權分散的民間企業一樣，有健全的公司統理，幹練的經營團隊從事經營，並非一定沒有效率。

社會救助和社會福利的作用，在於通過租稅方式，移轉一部分有錢人的所得，幫助社會上的經濟弱者和需要幫助的人，達到所得重分配的目的，以彌補資本主義所得分配不均的缺失。不過根據資本主義的分配正義，不平均並不是不公平。不平均正是資本主義「獎懲制度」的主要特質。

不過福利制度擴充有下面的顧慮：

(1) 社福計畫過於優惠，人民從生到死都得到政府的照顧，削弱勤奮努力的誘因，不利於經濟成長。

(2) 政府一切支出來自人民的所得，政府的福利支出增加，使租稅增加，降低人民工作與投資的意

願。

(3) 雖然清明有效率的政府有利於經濟發展，但政府
　　部門基本上為一不生產的部門，政府部門愈擴
　　大，使用的資源愈多，致生產部門可用的資源愈
　　少，愈不利於經濟成長。

我們不可能用一種經濟制度達到所有經濟目的。我們
的主要經濟制度是資本主義和共產主義，主要經濟目的
是成長、平均與自由。從表7-1我們可以看出，資本主
義可達到成長的目的和自由的目的，但不能達到平均的
目的；共產主義可達到平均的目的，但不能達到成長和
自由的目的。自由和成長緊密地連結在一起。什麼是自
由？自由是選擇的幅度或範圍。可以選擇的範圍愈大，
自由度愈高，而經濟主體的選擇自由使經濟效率和成長
率提高。

一九七〇年代，世界經濟思潮從重視計畫和政府干預
轉向強調市場與自由，從鼓吹擴大政府功能轉向縮小政
府規模。1974年和1976年，自由經濟大師海耶克
（Friedrich A. von Hayek）和傅利曼先後獲諾貝爾經濟學
獎，反映了此一轉變的趨勢。海耶克一手創立主張經濟
自由，反對政府干預的蒙帕侖學社（Mont Pelerin

表7-1　經濟制度與經濟目的之達成

制度 ＼ 目的	成　長	平　均	自　由
資本主義	V	X	V
共產主義	X	V	X

Society）。參與此學社的經濟學家中，相繼獲諾貝爾獎的有史提格勒（George Stigler, 1982）、畢坎南（James Buchanan, 1986）、亞賴（Maurice Allais, 1988）、寇斯（Ronald Coase, 1991）和貝克（Gary Backer, 1992）等五人，確定經濟自由已為世界經濟思潮的主流。

一九八〇年代柴契爾夫人出任英國首相，雷根當選美國總統，將自由經濟思想付諸實施。他們的主要經濟政策包括國有企業民有化（privatization）；經濟法規與管制的鬆綁（deregulation）；降低營業稅與個人所得稅；削減勞工組織的勢力，提高勞動市場的彈性；以及減少政府福利支出，促進個人對自身福利規劃的責任等。到了1990年代，共產國家的龍頭老大蘇聯瓦解為獨立國協（Commonwealth of Independent Countries），與其舊日東歐共產附庸，捨棄生產工具國有與中央計畫，轉向市場經濟，顯示經過數十年以數十億無辜人口現實生活驗證的共產主義理念，終於走到窮途末路，不得不承認失敗。

如果我們說1980年代世界經濟發展的主要方向是鬆綁、民有化和自由化，則1990年代是從自由化邁向全球化。資金和人才在國際間自由流動，助長跨國公司的發展，超越國界，富可敵國。若干跨國公司或多國際（transnational 或multinational）公司的規模大於國家。表7-2中，比較了若干跨國公司與國家或經濟體的規模。

表7-2　比較跨國公司與國家或經濟體規模

國家			公司			
名稱	GDP ($ bn)	人口 (million)	名稱	年收入 ($ bn)	直接員工	依賴人口 (million)
丹麥	156	5.2	General Motors	168	647,000	9.7
香港	142	6	Ford	146	370,702	5.5
南非	131	42	Toyota	108	130,736	2.4
馬來西亞	80	20	Hitachi	75	330,152	4.9
巴基斯坦	60	136	Siemens	63	379,000	5.6
＊紐西蘭	60	4	Philips	41	262,500	3.9
愛爾蘭	53	3.5	Pepsico	31	486,000	7.2
孟加拉	29	118	Pemex	28	120,945	1.8
斯里蘭卡	13	18	McDonalds	11	237,000	3.5

資料來源：轉引自*Corporate Citizenship: Defining Terms and Scoping Key Issues*, A discussion paper, The Corporate Citizenship Company, June 1999, P.5。表中GDP與人口資料來自*World in Figures*, *The Economist,* 1998; 公司收入與員工取材自*Fortune Magazine*, August 4, 1997。
＊紐西蘭之數字（1997年）取自*World Development Indications*, The World Bank, 1999；由於無GDP統計，故以GNP代之。

企業公民與利害關係者理論

　　政府的角色退縮，社會自然期許勢力日益壯大、掌握資源日益豐厚的營利部門，負擔起更多的社會責任。這就是所謂企業或公司社會責任（business social responsibility, corporate social responsibility, CSR）理論，也就是企業或公司公民（business citizenship, corporate citizenship）理論。

　　一般來說，非政府組織（NGOs）、媒體和教會多強

調企業的社會責任，並主張擴大公司社會責任的範圍。因為企業基於社會責任所作之慈善捐助為獨立部門（independent sector）或非政府、非營利部門（non-government and non-profit sector）資金的重要來源。企業界自己則傾向於認同企業公民或公司公民，因為公民有責任也有權利。在法律上，公司為一法人（legal person），公司猶如個人，在國家的政治、法律、社會與文化架構下，享受權利也承擔責任（註2）。

我們通常以為公司社會責任是西方的觀念。然而早在1965年，印度總理夏士崔（Lal Bahadur Shastri）在德里召開「企業社會責任」研討會時，即呼籲利害相關者應經常對話，負起社會責任，公開和透明化，實施社會稽查和企業治理。這是一次全國性會議，由政府決策官員、企業領袖、智庫和工會領袖參加，研討會發表報告說：

CSR是對本身、對顧客、員工、股東和社區的責任。每一家企業，不管規模多大或多小，如果要得到信賴和尊重，都必須設法積極履行全方位的責任。…而且不是只針對股東或員工等一兩個群體，卻損害整體社會和消費者。企業必須有效率和活力，也必須維護公義和具有人性。…公司是企業公民。就像一般公民，企業除了因為它的經濟表現而受人尊敬和評斷之外，也因為在它身為一員的社區中的行為，而受人尊敬和評斷（註3）。

這就是「利害關係者」理論（stakeholders theory），也是公司公民說或公司社會責任說的核心理論。利害關係者理論是說：公司不僅應對擁有者——也就是股東正式負責，並應對若干與其有利害關係者負某種程度的責任。目前愈來愈多的公司對其如何關懷員工、顧客、投資人、生意上的夥伴、政府以及更廣泛的社區和社會提出公開說明，這些公司檢討與分析的問題包括以下各項：

員工	工資水準高低、意外事件發生率、訓練支出多寡，以及處理裁減員工的做法等。
顧客	貨物與勞務之價格與價值、品質問題、如何處理顧客投訴，以及廣告中所呈現之價值等。
投資人	投資報酬、公司統理、董事股票交易，以及財務資訊之透明化等。
生意夥伴	所支持之就業人數、技術移轉，以及是否準時付款等。
社區	慈善捐贈與社區投資、傾聽、交談與溝通之意願等。
政府	賦稅之繳納、公平之移轉定價政策，以及恪遵金融與其他法規等。

不過經濟學者多不同意所謂公司社會責任或利害關係者之理論。諾貝爾經濟學獎得主傅利曼1970年在《時代》

雜誌發表〈企業的社會責任就是增加利潤〉（"The Social Responsibility of Business is to Increase Its Profits"）一文可爲代表。傅利曼的理論被稱作「股票所有者」（shareholders, stockholders）理論，以與主張利害關係者的理論相對照。

企業對社會的貢獻往往爲人所忽略，更少人了解企業之中商業活動的貢獻。企業的貢獻在於組織生產因素，從事貨物或勞務的生產，爲社會創造經濟價值，提供就業。企業所創造的價值（就是GDP或GNP）分配給生產因素的所有主，做爲參與生產活動的報酬，形成所得，包括員工的薪資、資本的利息、土地和房舍的地租和租金，以及投資者或股東的利潤。利潤視經營的績效可能爲正值，也可能爲負值。企業從事研發與創新，使生產力提高，產值增加，經濟成長，就業因而增加，薪資因而上升；利潤亦增加，使資本累積，生產的能量擴大。企業之間的競爭使社會資源（包括人員）達到最有效的分配和利用，也使顧客的福利得到最大的保障。

商業的貢獻在於改變商品供應的空間或時間，將商品從供給較多之處轉移至較少之處，從供給較多之時轉移至較少之時，亦即從其邊際效用較低之時、地，轉移至較高之時、地，使總效用或總價值提高，商人從增加的價值中得到利潤，做爲其運轉商品、調節供需、創造價值的報酬。

可惜我國傳統上並不視商業爲生產性的活動，而欲貶低商人的地位。在一般人的心目中，往往也認爲商人不

事生產，卻坐獲巨利，因此只有當其從事施捨捐助時，才會給予樂善好施之類的美名。我國傳統上重視農業，我們至今還會聽到「我國以農業立國」的說法。事實上，任何國家在其經濟發展之初都是「以農立國」，因為在生產力低的地方，幾乎將全部勞力投入農業生產才能獲得溫飽，以維持個人和種族的生存。即令在資本主義誕生的西方，也是經歷「重農主義」（physiocracy）和「重商主義」（mercantilism），直到1776年史密斯的《國富論》問世，才確立「每年勞動」（annual labour）的產值為生產。重農主義或重農學派認為，只有土地上長出作物方為生產；重商主義認為，只有用所生產的產品，經由對外貿易，換取貴金屬方為生產；而史密斯的主張為現代「國民所得」概念之濫觴。

　　如前文所言，史密斯提出審慎、公平、仁慈三種美德，而他的經濟思想建立在審慎和公平的原則上。審慎是追求自己的利益，公平或公正是不傷害別人的利益。企業將本求利，是從所創造的價值中賺取利潤，而非從剝奪他人的利益中賺取利潤。企業雇用員工，是基於自由契約，需付出員工感到滿意的薪資和福利，提供員工樂於接受的工作條件，否則勞雇關係即不可能成立。企業不論對上游之供應者或下游之購買者，如交易成功，即表示雙方都得到利益。市場條件差異或使利益之大小不同，但任何一方受損交易都不可能成立。雖然我們對利害相關者都應常存感念之心，但並非因為對他們有所虧欠，而是因為他們畢竟成就了我們的利益。

社會責任支出的利他與利己

不同的組織有不同的任務，而其組織的功能正是針對其特定的任務而設計。企業的任務為結合生產因素、生產經濟價值，並非為了慈善的目的。企業專注於股東的利益，最能達到社會資源有效利用的目的。企業若非只侍奉一個「老闆」——即股東，而是侍奉股東、員工、供應商、顧客及社區等五個「老闆」，則「五大」之優先次序應如何安排？企業的利益在「五大」之間應如何分配？以下是我們可能想到的一些問題：

(1) 股東的利益受到損失，不利於資本投資。

(2) 經營階層責任難明，不知究竟以何者為優先考慮的目標。

(3) 董事會忙於衡量在不同對象間的利益分配，而忽略企業之所以存在的基本目的，即創造經濟價值。

因此，企業究竟是應努力追求股東的利益，使企業成長，生產與雇用增加，因而對社會有更大的貢獻？抑或應取悅社會，將生產性的資源用於非生產性的用途，致企業的經濟功能削弱，也削弱了其履行「社會責任」的能力？

的確，企業是在政府所提供的各種有形與無形、硬體與軟體的環境中從事經營，例如安全、秩序、法規、制度、教育，以及道路、橋樑、港口等社會基礎建設……等。但企業也在法令容許之範圍內營運，遵守規範，並

繳納租稅，與一般個人共同負擔政府施政所造成的成本。雖然企業有時候享受政府減免租稅的優惠，甚至接受政府的補助，但政府這樣做是希望從企業所創造的就業與所得，以及因此而吸引的新增投資中，得到更多租稅。

假定社會認為，受到全球化的影響，各國政府紛採優惠措施吸引投資，或留住公司繼續在國內經營，致使稅收短少，支出擴增，因而希望企業增加其社會支出，則此類支出應視為成本，於計算利潤時扣除。社會責任支出如由政府攤派，應視為租稅；如由企業自行決定，應符合企業所以存在的目的，也就是營利。因此，主張企業社會責任或企業公民的學者也往往強調，企業履行其社會責任，其實有利於企業自己的發展（註4）。

如果做公益對企業無益，縱有社會的期許，甚至法令的規定，仍有可以規避之道。如果做公益對企業有利，則縱無社會之期許與政府的鼓勵，企業仍會努力去做。不過我們必須趕緊補充，純粹為公益而公益，想要報答社會、回饋社會，或幫助社會上需要幫助的人，仍所在多有，令我們感到無限溫暖。在這種情形下就發生一個問題，就是公司究竟應以公司的名義做公益，抑分配股利後由股東自己決定？前者可視為股東授權之集體公益，其中也可能包含公司員工的善意，因為公司通常以利潤的某一百分比做為對董監事的酬勞和對員工的獎勵。

根據英國The Corporate Citizenship Company的資料，

1997年美國公益捐助只有5.7%來自公司，如表7-3所示：

表7-3　美國公益捐助之來源，1997年

來源	百分比（%）
個人	76.2
基金	9.3
遺贈	8.8
公司	5.7
合計	**100.0**

資料來源：*Corporate Citizenship: Defining Terms and Scoping Key Issues*, A discussion paper, The Corporate Citizenship Company, P.14.

隨了公益規模的擴大，企業日益重視公益支出的「策略性運用」（strategic philanthropy），兼顧企業本身的目的，使其競爭力和獲利能力不減反增，因而公益活動得以持續。溫世仁先生的「千鄉萬才」計畫正是基於這樣的構想。

一九八四年美國AT&T分家後，延攬長期從事社會服務工作的李威（Reynold Levy）主持AT&T基金會業務。李威主張基金應與企業策略聯盟，使基金的公益計畫與企業的目標相結合。公益計畫應透過企業的行銷、研發、人資等部門進行，以增進企業的利益。企業的各部門也應提供管理能力、專業技術與志工人力，以支持企業的公益計畫，使社區或社會得到最大的利益（註5）。

國際聯合勸募協會副總裁陳達文說，有遠見的企業從事策略性公益活動應有四大方向：

(1) 捐贈項目更有焦點，並且更能配合公司的營業目

標。

(2) 捐贈漸成一種投資，可為公司取得可計算的報酬。

(3) 利用捐贈改善公司的形象。

(4) 捐贈策略應能增加顧客對公司產品或服務的選擇。

陳達文說，事實上，道義責任已經不是企業公益最主要或唯一的理由，而是由更現實的理由取而代之，即「長期、理性的自利」，也可稱之為開明的自利或高瞻遠矚的自利，即企業從事的各種社會公益活動，最後終必為企業本身帶來利益。

鄭怡世研究了國內非營利組織與企業合作募款的模式後，發現企業從事公益活動的長期自利效果，可從以下各方面表現出來：

(1) 提升企業長期市場占有率。

(2) 建立良好的企業形象。

(3) 減少消費者的抱怨。

(4) 增進員工的凝聚力，塑造企業文化。

英國倫敦標竿集團（London Benchmarking Group, LBG）將企業公益區分為以下三種：

(1) 慈善捐助：單純出於善心，捐贈金錢或物資，與企業利益無直接關係。

(2) 社會投資或社區投資：長期策略性參與社區活動或社會公益計畫，協助解決社區或社會問題，以提高企業聲譽，維護企業的長期利益。

(3) 與企業策略結合的公益活動：通常是由業務部門主動發起的公益活動，與慈善機構或非營利機構形成夥伴關係，公益活動直接有助於企業的業績。

自利說與利他說之調合

美國獨立部門執行副總裁納夫特（E. B. Knauft），於1984年研究了美國較具規模的48家企業的公益案件，希望藉以了解企業捐獻的決策過程，以及卓越公益計畫的特性。納夫特發現，這48家企業平均每年捐獻的金額為430萬美元，四分之三的企業成立基金做為執行機構。根據納夫特的研究，企業從事公益活動時考慮的重要因素如下（註6）：

(1) 每年捐款額度：通常衡量過去捐款數額與目前營運狀況決定。有的企業每年自稅前淨利提撥一定百分比如1.5％或2％為公益經費。

(2) 捐助的優先順序：企業究竟應選擇哪些領域從事公益，例如教育、藝文、社福或社區改造，大部分都是根據過去的經驗和收到的提案而定。

(3) 其他重要原則：有些企業特別規定不涉入某些議題、團體或領域，例如宗教或政治。

(4) 金錢以外的贊助：如公司產品、藥品、食物、公司的會計或法律服務，或鼓勵員工擔任志工等。

(5) 企業內部環境：小公司或新公司通常較開放，採參與式管理，因此捐款委員會有較大的決策權；高度分權的公司也授權各事業部門決定。

(6) 外部環境：例如公司所在社會的性質與公司在當地之重要性等。

(7) 企業內部的個人和團體：例如董事會、CEO；負責公益事務部門的經理人等。

研究了國外的經驗，群我倫理促進會的鄧佩瑜祕書長提出下面的指標，做為我國企業從事公益活動的參考（註7）：

(1) 純公益性利他動機：

- 善盡社會責任，滿足社會需要，協助解決社會問題。
- 完全出於經營者的行善理念。協助建立健康的、福利好的社會環境。

(2) 短期策略性動機

- 有助於公司商品行銷。
- 企業競爭的壓力（競爭者已做），非做不可。
- 因應社會事件壓力（如發生天災）。
- 享受減稅優惠。

(3) 長期自利性動機

- 建立良好的企業形象。
- 凝聚員工認同，提升忠誠度和士氣。
- 取得所在地民眾尊重和認同。

- 促進整體經營環境發展。

從以上分析中我們發現，利害關係者理論與股票所有者理論之爭論，始於企業之社會責任，終於企業之開明式自利或遠見式自利（far-sighted self-interest），似乎可達到共識。

企業社會責任概念或利害關係者理論最大的貢獻，在於提醒社會上的營利組織，企業雖以營利為目標，但畢竟是社會中的一員，對社會制度設計上若干照顧不到或照顧不周的目標，也應負起若干責任；同時，企業於審慎承擔其社會責任時，仍可能與其營利目標相一致。

不過我們於鼓吹企業社會責任的同時也應注意，每種制度都有其重要的社會功能。共產主義的主要社會功能在分配公平，但因無法達到經濟效率而崩潰。資本主義的社會功能在經濟效率與經濟成長，過去英美等先進經濟因社福措施過分擴張致經濟效率降低，因而有柴契爾夫人與雷根總統向傳統方向之修正。企業的社會責任亦有其限度，過分強調不利於其經濟功能，應慎加衡量。

註1：黃羊川的故事見溫世仁，《溫世仁觀點——中國經濟的未來》，天下文化，2003年，頁104-148。

註2：*Corporate Citizenship: Defining Terms and Scoping Key Issues*, A discussion paper, The Corporate Citizenship Company, June 1999; David Logan, "Corporate Citizenship in a Global Age", RS/f Journal 3/4, 1998。

註3：Frank-Jurgen Richter & Pamela C.M. Mar編，羅耀宗等譯，〈全球公民意識，全球型公司在亞洲面對的挑戰〉，《企業全面品德管理——看見亞洲新利基》，天下文化，2004年，頁293。

註4：參看〈企業要做大公民〉專題報導，《天下雜誌》，2004年3月10日，頁126-143。

註5：此處及本節以下各段係根據鄧佩瑜&齊若蘭，《群我倫理促進會企業公益研究》，中華民國群我倫理促進會，2002年。

註6：同註5。

註7：根據鄧佩瑜祕書長原意，文字上略作補充，希望更能彰顯原意。

第八章 企業的環境責任

在缺乏市場與價格機制的情形下，資源之保育與環境之維護，有賴企業之倫理自覺與自我節制。

永續發展

《孟子》有下面一段記載：

不違農時，穀不可勝食也。數罟不入洿池，魚鱉不可勝食也。斧斤以時入山林，材木不可勝用也。穀與魚鱉不可勝食，材木不可勝用，是使民養生喪死無憾也。養生喪死無憾，王道之始也。（《孟子》〈梁惠王篇〉）

這是兩千多年前，經濟處於靜態狀況，人口對自然資源已達相當密集程度，孟子的永續發展理論。

《論語》：「子釣而不綱，弋不射宿。」說的是孔子的仁心。因為用魚鉤釣魚，願者上鉤，而且一次只釣一尾，不像用漁網，一網打盡，無處逃遁；不射宿鳥，因宿鳥失去戒備，是不公平的。然而孟子這裡所談的是經濟問題：細網不入深池，使剩下的魚鱉有機會繁殖，斧斤按一定的時間入山砍伐林木，使剩下的林木有時間成長，這樣魚鱉林木可以生生不息，永續食用。孟子萬萬想不到他在兩千多年前說過的這幾句話，現在成為經濟

發展的重要理念。

　孟子這段話還隱含了經濟學中一個重要的問題，就是無主池塘、山林或公共財的管理問題。無主池塘中的魚蝦總是先被捕撈，無主山崗的林木總是先被砍伐，無人管理的公共財總是先私有財而被使用。這就是海洋與大氣不斷被污染，雖明知正逐漸威脅人類生存，但迄今無法有效節制的根本原因。

　「不違農時」是不妨礙農民及時耕耘。不過縱然農民的工作不受到干擾，仍有邊際產量遞減的問題。人口增加，不斷耕種次級土地，或在同一土地上不斷投入人力，使人力的邊際產量遞減。因此如無農業方面的技術進步，人力在農地方面的邊際產量終將下降為零，而農地的總產量終將停止增加。

　根據1987年世界環境與發展委員會的定義，「永續發展」是指「滿足吾人今日所需之經濟進步，不損及子孫後代滿足其未來所需之能力（註1）。」

　永續發展之所以日益成為一重要的問題，主要因為世界人口不斷增加，為消除貧窮，經濟必須不斷成長，不但耗費地球之資源，使成長難以為繼，而且破壞居住環境，使地球日益不適於人類甚至萬物生存。

　二十世紀後半葉，世界人口從1950年的25億增加到1999年的60億。所幸由於生育率下降，成長率呈下降狀態。1950-1955年平均每一婦女生育5.1胎，2002年減少為2.6胎，生育率降低一半。1980-2002年世界人口平均成長率為1.5％，2002-2015年將降為1％，但世界人口

仍將增加10億，其中95％在低所得與中所得國家（註2）。

二○○○年9月，聯合國189個會員國通過千禧年宣言（the Millennium Declaration）。千禧年發展第一個目標就是在1990-2015年期間，將極端貧窮人口與貧窮人口占人口的百分比減少一半。世界銀行衡量貧窮有兩個標準，每人每天生活費不到（按購買力平價計算，PPP）US$1為極端貧窮（extremely poverty），適用於低所得國家；每人每天生活費不到US$2為貧窮，適用於中所得國家；各國可自訂更高的國家貧窮標準或貧窮線（poverty line）（註3）。

一九九○年，世界共有1,219百萬人口每天生活費不到US$1，占低所得與中所得國家人口的28％。至2001年，這些國家的GDP成長31％，人口增加15％，達50億，極端貧窮人口減少為1,101百萬，占21％。

至於每日生活不到US$2的貧窮人口，1990年為2,689百萬，2001年為2,733百萬，分別占低、中所得國家人

制度創造財富

我們如何解釋富裕中持續的貧窮？如果我們知道富有國家富有的原因，貧窮國家何以不採用其所以致富的政策？我們必須創造誘因，引導人民投資於效率更高的技術，增進他們的技藝，並組織有效的市場。這些誘因都在制度之中。

Douglass C. North

（*World Development Report 2002, Building Institutions for Markets*, The World Bank, P.3）

表8-1　各地區貧窮人口之變動

地區	1990 百萬	1990 %	1993 百萬	1993 %	1996 百萬	1996 %	1999 百萬	1999 %	2001 百萬	2001 %
每日不到US＄1										
東亞與太平洋	472	30	416	25	287	17	282	16	284	16
中國	377	33	336	28	212	17	224	18	212	17
歐洲與中亞	2	1	17	4	20	4	30	6	18	4
中南美洲	49	11	52	11	52	11	54	11	50	10
中東與北非	6	2	4	2	5	2	8	3	7	2
南亞	462	41	476	40	441	35	453	34	428	31
撒哈拉	227	47	241	44	269	45	292	45	314	47
合計	**1,219**	**28**	**1,206**	**26**	**1,075**	**22**	**1,117**	**22**	**1,101**	**21**
（不包括中國）	841	26	870	26	863	24	894	24	888	23
每日不到US＄2										
東亞與太平洋	1,117	70	1,080	65	922	53	900	50	868	48
中國	830	73	807	68	650	53	630	50	596	47
歐洲與中亞	58	12	78	17	97	21	111	24	93	20
中南美洲	125	28	136	30	117	24	127	25	128	25
中東與北非	51	21	52	20	61	22	70	24	70	23
南亞	958	86	1,005	85	1,022	81	1,034	78	1,059	77
撒哈拉	382	75	409	74	445	75	487	76	514	76
合計	**2,689**	**62**	**2,759**	**60**	**2,665**	**55**	**2,730**	**54**	**2,733**	**53**
（不包括中國）	1,858	58	1,952	57	2,015	56	2,101	56	2,137	55

資料來源：*World Development Indicators 2004*, The World Bank, P.3。

口的62％與53％，百分比略降，但人數增加。

　　從表8-1的數字可以看出，在這些地區中，東亞與太平洋地區消除貧窮的成績最好，而東亞與太平洋地區中又以中國的表現最優。從1990年到2001年，東亞與太平洋地區每天生活費不到US$1的貧窮人口減少188百萬，

生活費不到US\$2的貧窮人口減少249百萬，其中，中國的貧窮人口分別減少165百萬與234百萬。這些地區貧窮人口合計按US\$1為貧窮線計算減少118百萬，如不包括中國則增加47百萬。按US\$2為貧窮線計算增加44百萬，如不包括中國則增加279百萬。這是因為在這一段時期，中國經濟快速成長，使大量人口脫離貧窮，生活獲得改善。

我們面臨的困境是經濟必須快速成長才能消除貧窮，但快速的經濟成長使自然資源快速耗竭，自然環境迅速惡化。

經濟成長耗用自然資源，但自然資源並非取之不盡，用之不竭。今日地球所儲存之煤、石油、天然氣等石化能源和各種礦物，都是過去千百萬年，甚至十數億年，由於地球變化蓄積之資源。

孟子所關切的山林亦需數十年至少十數年才能生長成材。如果使用的速度超過蓄積的速度，終有耗竭之日。

我們可能認為土地可以永續使用，然而土地也有所謂「地力耗竭」，所以需要休耕、輪作或施肥以休養或補充地力。

過去傳統停滯時期，人口少，技術水準低，故勞動生產力低，耗用資源少，相對於人口與維持生存所需的經濟活動而言，資源供應似乎無窮。然而技術日益進步，經濟快速成長，人口增加，資源耗竭的憂懼乃日益加劇。

經濟成長與環境維護

　　一九七二年羅馬俱樂部（The Club of Rome）出版《成長的極限》（*The Limits to Growth*），指出工業如按一定速度成長，不久將會迫近自然資源的極限，使成長難以繼續。1973年10月，中東石油輸出國組織（OPEC）減少產量，提高油價，引發第一次能源危機，使1973年世界物價膨脹加劇，也導致1974年的經濟衰退。羅馬俱樂部的學者專家所擔心的資源耗竭問題，儼然浮現。若干經濟學者認為世界從此進入「高膨脹、低成長」的時代。

　　然而諾貝爾經濟學獎得主傅利曼抱持樂觀的看法。傅利曼認為：這次能源危機是OPEC操控石油產量的結果；OPEC為一壟斷性組織，世界上所有壟斷組織終將崩潰；因此OPEC的壟斷組織亦將崩潰，使油價恢復正常。雖然1970年代末又發生第二次能源危機，但不論油價上漲的幅度，或其對世界經濟的影響，都較第一次能源危機輕微。所謂「高膨脹、低成長」並未出現。石油價格雖然時有波動，但壟斷性操控終難持續，而油價終將回歸整體經濟所能負擔的水準。

　　一九八〇年9月，當時美國財政部長賽門（William Simon）在一次演說中引用福特基金《今後二十年的能源問題》（*Energy: The Next Twenty Years*）說：

美國和世界所蘊藏的能源如此豐富,使一般能源最後可能用罄之事,目前無需縈懷。只要採取適當政策和計畫,且願付出代價,就可生產足夠的能源,以供應任何合理預期的需要,而無短缺或不足之虞(註4)。

福特基金的研究容或過於樂觀,而政治人物的言論可能亦有其當時的政治目的。但就二十年之短程而言,則所述屬實。

在長期中,可用之自然資源為技術的函數。在一定的技術水準下,經濟不斷成長,最後必將使資源趨於枯竭。雖然價格升高會鼓勵節約和替代,並使供給的數量增加;技術進步使我們利用新資源,節用舊資源。以能源而論,薪柴未用完,人類發現了煤炭,煤炭未用完,又發現石油,而薪柴、煤炭和石油均非最後可用之能源。猶記1970年代第一次能源危機爆發後,能源公司和研究機構紛紛探討油頁岩開採、煤炭液化,以及再生性能源利用,包括太陽能、風力、各種生質能源之科技。然而隨了1970年代兩次能源危機的過去,對新能源研發的熱忱與努力消減,1980年代以來,世人對能源問題關切的重點轉移到其所產生的污染對人類生活與生存的影響。

自從兩百多年前英國工業革命以來,世界各國競相發展經濟,累積排放煤、石油、天然氣等石化能源在使用過程中產生的二氧化碳。工業革命前大氣中二氧化碳的含量約為286ppmv,1990年代末期約為358ppmv,兩個

世紀中增加72ppmv；由於溫室效應使地球氣溫上升，對環境產生了重大影響。1980年到1990年，平均溫度升高0.5℃，如不及時加以節制，2100年將較1990年上升2℃。屆時南北極冰山大量溶化，將使海平面上升50公分，許多接近海平面的陸地將從地圖上消失。海平面若上升1公尺，孟加拉將消失國土2千平方公里。台灣若干地方，由於多年超抽地下水，地層下陷，每當颱風來襲，淪為水鄉澤國，如不早作補救，將來難免與孟加拉同其命運（註5）。

大自然原有它自己相生相剋的機制。地球因為有大氣層環繞保護，又有水和空氣使生物出現，人類得以生存繁衍。人吸收氧氣，製造二氧化碳；樹木吸收二氧化碳，放出氧氣。然而科技進步，經濟成長，人口增加，使人類製造的二氧化碳快速增加，超過了自然機制所能調節的限度，而森林又正以每年16萬平方公里的速度消失。我們似乎在加速製造一個日益不適合自己生存的環境，而最後趨於滅亡。究竟人類生存發展的限制先來自資源耗竭？抑先來自環境破壞？

一九七二年聯合國「人類環境會議」（Conference on Human Environment）以「我們只有一個地球」為主題，發表「人類環境宣言」，主張各國有權開發自有的資源，但不得損及他國的環境。1984年聯合國成立「世界環境與發展委員會」，1987年在東京開會，發表「東京宣言」，提出永續發展的理念，主張為了增進當代福祉而從事之發展，不得損及未來世代可能享有的福祉。

溫室效應的爭議

　　世界經濟快速成長的結果，大量使用石化能源使大氣中的二氧化碳（CO_2）增加，產生溫室效應，導致地球暖化，引起聯合國重視，而有1997年的「京都議定書」，要求各國對包括二氧化碳在內的六種溫室效應氣體減量。

　　不過Emory大學物理系的馮彼得（Peter Fong）教授認為❶二氧化碳增加使地球暖化的說法，違背熱力學（thermodynamics）第二定律。根據第二定律的一個特例，一平衡之系統受到外力干擾時，此系統之反應具有排除此一外力之效果。在所謂二氧化碳導致地球暖化的例子中，增加之熱能蒸發海水使雲層增加，而增加的雲層反射陽光使溫室熱逸出，故地球的溫度不致上升。

　　台灣魏國彥和許晃雄編著的《全球環境變遷導論》中指出❷，雖然科學家懷疑近百年來全球平均溫度上升與溫室氣體含量增加有關，但從嚴謹的科學角度看，仍有許多令人迷惑之處，例如十八世紀末工業革命以後，大氣二氧化碳含量快速增加，何以到十九世紀末溫度才明顯上升？又如1950年代以來，溫室氣體含量增加更快，何以1950到1970年代溫度反而偏低？馮彼得教授也指出，過去（指2000年到2001年間的冬天以前）五年氣溫升高，令人以為是地球暖化將至的明證，然而2000到2001年冬，天氣又轉嚴寒。影響氣候的因素眾多，看來科學家尚有不少未盡了解之處，聯合國對溫室效應、地球暖化的研判，仍須深入檢討。

　　事實上，大氣中的二氧化碳並非全由使用石化燃料導致。在地球的歷史中，大氣中的二氧化碳含量超過現在數倍甚至十數

倍的時期很久。例如距今5億多年前寒武紀初期，約爲現今含量的15倍左右，其後持續下降，大約3億年前到達與現今相當的程度，1-2億年前約爲目前的3至5倍❸。當時人類尚未出現，更談不到大量使用石化燃料。想來地球另有調節之道，其中海洋扮演了重要的角色。

根據晚近的數字，世界每年開採煤$16.3×10^9$噸，生產石油$3.4×10^9$桶。燃燒此一數量之煤和石油所產生的二氧化碳爲$6.2×10^{15}g$，約爲今日大氣中所含二氧化碳的1/300。依此標準計算，大氣中所含二氧化碳將於300年中增加1倍。

不過，地球表面每平方公分（cm^2）海水所含二氧化碳爲20克（g），大氣所含爲0.4克（g），前者爲後者的50倍；而海洋中之二氧化碳和大氣中的二氧化碳互依，前者爲後者部分壓力（partial pressure）之函數。故欲使大氣中二氧化碳部分壓力加倍所需增加之量，將遠比目前所含爲多，因爲增加之量部分將爲海洋吸收；同理，欲將大氣中二氧化碳減半，所需減少之量將數倍於目前之所含。由此可知，海洋由於控制了大氣中二氧化碳之數量，對於維護穩定的環境以利萬物生存，實居於重要的地位❹。

（本文根據之資料承宋國良先生提示；宋先生多次賜函指教，獲益甚多。惟文中一切或有的錯誤，由作者自行負責。）

❶：Peter Fong, "An Essay on the Controversy of Greenhouse Warming", 張貼於馮教授個人網站，2001年。

❷：教育部出版，1997年10月，頁3-21—3-22。

❸：同註2，頁3-8—3-9。

❹：Brian Mason & Carleton B. Moore, *Principles of Geochemistry*, Forth Edition, 台北大學圖書出版社，1984年11月，頁230。

一九九二年2月在巴西里約熱內盧舉行「地球高峰會」（Earth Summit），發表防止溫室效應之「氣候變化綱要公約」，與保護生態之「生物多樣化公約」，將永續發展的理念化為具體的行動綱領。同年11月聯合國成立「永續發展委員會」（Commission for Sustainable Development），以主導並推展全球持續發展之規畫。

一九九七年12月，「氣候變化綱要公約」締約國在日本舉行第三次會議，通過「京都議定書」，對於以二氧化碳為主的六種溫室效應氣體，制定分別以1990年與1995年為基準，2008年至2012年為期程，各國程度不同之減量規定。不過溫室效應氣體縱然減量至1990年與1995年之標準，這些氣體在大氣中的含量仍將繼續增加。

世界自然資源的耗竭主要由於目前之已開發國家過去兩百多年之持續發展；而空氣與海洋之污染，以及林地之迅速消失，也主要是已開發國家經濟成長、生活享受提高的結果。2001年世界尚有11億人口掙扎在每日生活費不到US$1的生存邊緣，27億人口每日生活費不到US$2。我們不但不能讓低、中所得國家停止經濟成長，以減緩資源耗竭、環境惡化的速度；甚至不能讓已開發國家停止成長，因為我們需要已開發國家繼續成長以帶動發展中國家成長，助其脫離貧窮。然而後者追求成長與消除貧窮的努力，更加速資源之耗竭與環境之惡化。

減緩經濟成長，致失業增加，貧窮持續，是否為社會可以接受之公平目標？

我們應否減少此一世代使用之資源，使未來世代有更多資源可用？

　　究竟何種程度之經濟成長與環境維護爲適當合理之組合，能爲不同發展階段的國家共同接受？此一組合係根據怎樣的倫理原則，又如何加以實踐？

永續發展的展望

　　傳統上我們用GNP或GDP衡量一國之總福利，亦即全體國民從總產量中感到的滿足或幸福。在一定的技術水準下，GDP和資本存量維持一定的比例，資本存量增加反映GDP增加，而儲蓄使資本存量增加。如儲蓄淨額爲正，即表示資本存量、總產量與全民之福利增加。因此儲蓄淨額持續爲正，即表示經濟永續發展。

　　然而傳統之國民所得會計（national income accounting）只包括經由市場及雖然未經市場但價格可予設算（computed）的經濟價值，並未包括生產活動引起的自然資源與環境的變動在內。晚近經濟學者努力不懈，希望將資源與環境因素納入國民所得帳項的計算之內，稱爲「綠色會計」（green accounting）。

　　根據這樣的理念，我們如想得到資本存量眞正的淨增加，應從儲蓄毛額中減去固定資本消耗，得儲蓄淨額，從儲蓄淨額中減去能源耗減（energy depletion）、礦物耗減（mineral depletion）、林木淨耗減（net forest

depletion）與二氧化碳災害（carbon dioxide damage），
再加上教育支出（education expenditure）。由此得到
「調整後的儲蓄淨額」（adjusted net savings）。林木淨耗
減是指減去砍伐部分加上造林部分所得之淨減少。教育
支出是當作人力資本投資。

　　表8-2是世界銀行計算1999年世界不同所得與不同地
區之「調整後的儲蓄淨額」。

　　我們知道，儲蓄等於投資，而投資使資本存量增加。
資本存量包含機器設備、各種建築與各個企業之存貨，
但不包括能源、礦藏與林木。換言之，傳統的資本存量
只包括人造的物質資產（human made physical assets）。

表8-2　1999年世界不同所得與不同地區之調整後儲蓄淨額 (%of GDP)

所得或區域	國內儲蓄淨額 －（	固定資本消耗	能源耗減	礦藏耗減	森林淨耗減	二氧化碳損害 ）＋	教育支出 ＝	調整後儲蓄淨額
按所得分								
低所得	20.3	8.3	3.8	0.3	1.5	1.4	2.9	7.8
中所得	26.1	9.6	4.2	0.3	0.1	1.1	3.5	14.3
低所得與中所得	25.2	9.4	4.1	0.3	0.4	1.2	3.4	13.3
高所得	22.7	13.1	0.5	0.0	0.0	0.3	4.8	13.5
按區域分								
東南亞與太平洋	36.1	9.0	1.3	0.2	0.4	1.7	1.7	25.2
歐洲與中亞	24.6	9.1	6.0	0.0	0.0	1.7	4.1	11.9
拉丁美洲與Caribean	19.2	10.0	2.8	0.4	0.0	0.4	4.1	9.6
中東與非洲	24.2	9.3	19.7	0.1	0.0	1.1	4.7	-1.3
南亞	18.3	8.8	1.0	0.2	1.8	1.3	3.1	8.3

資料來源：The World Bank, *World Development Report 2003——Sustainable Development in a Dynamic World*, The World Bank, P.17。

因此，我們從儲蓄淨額中減去能源、礦藏、林木等自然資源消耗的數額，只能算是對自然資源消耗的補償或提存，但是並不能使已被消耗的資源得以再生或再造，如人造物質資本可利用折舊提存（depreciation allowance）予以重置。這正是自然資源或自然資產與人造資產的根本不同之處。同理，從儲蓄淨額中減去二氧化碳災害，也不能使存在於大氣之間的二氧化碳消失。

　　維持永續發展最重要的要靠價格機制的運作、科技研發、政府政策，與企業的自我節制。先說價格機制。隨了某特定資源如石油的日趨稀少，其價格會上漲。價格上漲在需要方面會促進節約，提高使用效率，並導致代替品之使用，使需要的數量減少；在供給方面則會引起

理想能源

　　氫氣是一種可永續利用且無污染的動力來源，可以說是具多樣性的理想能源。當燃料電池使用氫做為燃料時，經電化學反應之後，可以直接產生電能，所排放出來的只有水與廢熱，而不會產生溫室效應氣體二氧化碳，是一種非常潔淨的能源；然而，當所使用的燃料非純氫氣時，則排放出來的物質將會隨著燃料的種類而有所差異。例如，若以甲醇（CH_3OH）做為燃料，則會產生二氧化碳、水以及未完全用掉的甲醇，因此在選擇燃料時，須考量到燃料電池的種類及用途，再依是否符合成本來決定適合的燃料。

　　（吳和生，〈燃料的供應〉，出自林昇佃等著《燃料電池——新世紀能源》，滄海書局，2004年，第7章）

清潔能源之永續供應

回顧1970年代兩次能源危機時期，節約能源曾經是國家的重要政策。然而從1977年到1997年，台灣平均每人能源消費的數量從1248.6公升油當量，增加到3625.5公升油當量，二十年間增加190％；能源消費總量從2080萬公秉油當量，增加到7825萬公秉油當量，增加276％。隨著能源消費的增加，以及初級能源中煤炭和石油所占比例的有增無減，二氧化碳的平均每人排放量從1990年的5.54公噸，增加到1995年的7.63公噸；總排放量從112.69百萬公噸增加到162.50百萬公噸。預計2000年將分別增加到10公噸與223百萬公噸。如果我們以2000年為基準，希望將2020年二氧化碳減量至2000年的水準，在生活型態方面、產業結構方面、科技發展方面、政策和法令方面，都需要很大的努力。

目前台灣甚至全世界需要解決的主要能源問題，在較短的時期中，為外部不經濟或污染的控制，在長期中則為再生（renewable）能源的利用，以逐漸代替污染性較高的石化能源與安全性可慮的核能。

如前所述，由於我們對能源外部成本未支付金錢代價，因此導致污染性能源的過度利用，其所發生的成本無法逃避，而是由人類全體，與未來世代代的子孫以環境惡化的形式負擔。節約能源與控制其外部不經濟的方法，在生活方面，如節能之「綠色建築」的推廣，空調與各種家電用電效率的提高；其實即令在目前之技術情形下亦有很大改進的空間。在交通方面，如大眾運輸系統代替個人交通工具，與電動汽、機車代替傳統

車輛。在產業結構方面,藉調整產業結構以達到節省能源的目的,對個別國家為有效的做法,對整個世界則少幫助。因為如果某一能源密集的產業為世界所需要,則此一國家減少,另一國家增加,對世界全體而言並無改變。所有這些節約與外部不經濟的控制都和價格與科技有密切的關聯。唯有節省能源與保護環境的科技迅速進步,我們才能期待同時享有低廉、清潔的能源與持續不斷的成長。

在長期中,可以永續供應而無污染之虞的能源主要有水力、風力和太陽能。在目前的能源供給中,除水力外都不占重要的地位。理論上,全世界一年所需要的能源,只需要太陽三十分鐘的照射就可提供。然而在技術上似乎尚有一段遙遠的距離。儘管在歷史上,人類最初使用木材,於林木依然繁茂之時,發現煤炭,不久又有更為方便的石油和天然氣出現,使能源的供應推陳出新,源源不絕。然而並不能由此推論,更好的能源總會及時出現,以維持世界經濟的永續發展。為了彌補此一缺口,現有能源的節約使用與污染控制,以及核能安全的確保與核廢料的妥善處理,仍然是必須努力的方向。

和其他天然資源一樣,能源供給是技術的函數。如技術不變,不久將趨於枯竭,我們希望關心世界永續發展的各國領袖,在訂定各種公約控制能源的外部不經濟之外,也要合作努力,從事能源與環境科技的研發,以提供更有效的方法,否則嚴格的要求,只有使經濟成長率降低,富有國家的低所得階層與貧窮國家的人民,生活更得不到改善。

(孫震,《台灣發展知識經濟之路》,三民書局,2001年,頁173-174)

探勘與開採，使供給的數量增加，並鼓勵新資源的研發。因此只要我們容許價格機制發生作用，我們的經濟就不會因為資源耗竭而停滯，但會因為若干資源的價格昂貴，而改變生產方法與產業結構。

科技進步使自然資源的供給增加，可利用的範圍擴大，效率提高，因而價格機制可以發揮更大的作用。以能源為例，如果技術上沒有重大突破，目前世界賴為主要能源形式和工業原料的石油可能在本世紀中期趨於枯竭，而蘊藏較為豐富的煤礦，可能也將在下一世紀初期耗盡（註6）。然而如太陽能與燃料電池的研發成功，能源供給將不虞匱乏。理論上，全世界所需的能源只需太陽照射三十分鐘就可提供（註7）。再以燃料電池為例，燃料電池使用氫為燃料，氫是可以永續使用且無污染的動力來源（註8）。

元智大學的賴子珍教授指出（註9），根據美國國家再生能源實驗室勾畫出來的能源發展遠景，再生能源的應用將可使未來能源供應達到以下各項基本要求：

(1) 能提供充足且其使用不會造成環境傷害的能源。

(2) 各國將從其本國所秉賦的自然資源中獲得所需的能源，不需仰賴外國。

(3) 資源的運用將形成一定的體系，能源可以再生並重新補充，因而取用不盡。

(4) 此種條件下，人類將可擁有足夠的能源以支持其維持基本生活所需的食物、醫療、教育，及其他基本需要。

政府政策與企業責任

不過我們可以想到很多現實的原因使價格機制失去功能，致價格不能反映問題的嚴重性，也使相關的研發活動延緩。

第一，也是最重要的，自然環境為一公共財或共同財產，猶如無主的池塘與山林，人人皆欲先加利用，竭澤而漁，旦旦而伐，明知資源日趨枯竭，但少有效的辦法加以節制，也少有人率先停止甚至減緩利用的活動。事實上剛好相反，公共財愈減少，人們愈搶先利用。

第二，各國經濟發展的程度不同，因而富有的程度亦不同。富有者更重視環境，貧窮者更重視成長。高所得國家多依賴知識創造所得，低所得國家多依賴資源增加所得。我們從表8-2中可以看到，1999年高所得國家能源耗減占GDP的百分率有0.5％，礦藏耗減與森林淨耗減都是零，而低所得國家能源、礦藏與森林的耗減率分別為3.8％、0.3％與1.5％。高所得國家既不能阻止低所得國家耗用其自有資源以提高所得、改善生活，毋寧更需要其如此；這真是一種矛盾與兩難的心境。

第三，我們一方面希望節約舊資源、開發新資源，以達成永續發展，一方面希望資源價格低廉以促進經濟成長，而我們對當前明確的衰退總是比對未來可能的停滯更為關心，因此短期政策總是比長期政策優先實施。

在如此市場與價格失去指導功能的情形下，政府政策與企業的倫理堅持，對人類發展的前途，扮演了重要的

角色。表8-3是世界銀行爲糾正缺少價格指導下環境資
源的過度利用與低度提供應採取的辦法（註10）。

例如設定產品的品質標準或製程標準、規定排放標
準，可用於控制污染；禁止、許可與配額，可用於控制
污染，亦可用於保全或節約資源。

通常採取管制不如利用價格，例如課稅使成本和價格
提高，減少使用；補貼使成本和價格降低，增加使用。

表8-3 糾正市場與價格失衡的機制

政府對市場失靈應採的辦法

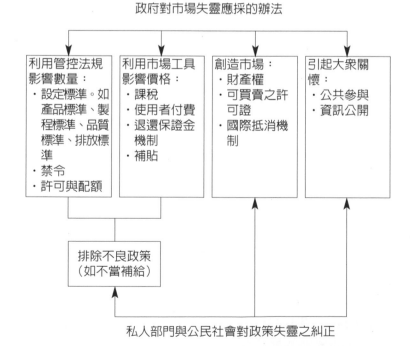

私人部門與公民社會對政策失靈之糾正

因為利用價格機制可保全使用者或購買者自由選擇之權，使總效用提高，並可增加政府的收入；此外，發展中國家行政能力薄弱，管制較難發生作用，且易發生弊端。利用管制措施，限定可容許之污染總量，配合可買賣之許可證，可創造一污染減量之市場。允許許可證買賣，誘使廠商尋求最經濟有效之污染減量辦法。因為較能經濟有效降低污染的廠商，可出售其剩餘之污染權給其他廠商。此法看似複雜，但美國曾用此法減少二氧化硫，以控制酸雨；冰島和紐西蘭也利用此法，規定最大之捕獲量，容許漁民自由買賣所配得之許可權，以恢復海洋魚藏。私人部門與公民社會則可通過資訊公開，參與並監督政府政策之運作（註11）。

在缺乏市場與價格機制的情形下，資源之保育與環境之維護，亦有賴企業之倫理自覺與自我節制。

有鑑於環境保護之重要性，美國維護環境經濟體聯盟（Coalition of Environmentally Responsible Economies，簡稱為CERES），提出CERES原則，獲得了65家公司簽署，包括Sun Company。Sun Company為一石油煉製與行銷公司，當時排名《財富》雜誌所公布的「全球五百大企業」（Fortune 500）的第一名。

以下為1992年4月28日CERES董事會通過之修正CERES原則：

維護環境經濟體聯盟原則（CERES原則）

生物環境之保護（Protection of Biosphere）

我們將減少並應不斷努力以消除任何對空氣、水、地球或其居民造成環境傷害之物質排放。

我們於保存生物多樣性之同時，將防護所有由於我們的營運而受到影響的棲息之所，並保護開放空間與原野。

自然資源之永續使用（Sustainable Use of Natural Resources）

我們對再生性自然資源如水、土壤與森林，將做永續性之使用。

我們對非再生性資源將以有效利用與小心規劃之方式加以保存。

廢棄物之減量與處理（Reduction and Disposal of Wastes）

我們將以從源減量與循環利用之方式減少廢棄物，並在可能範圍內予以消除。

能源保存（Energy Conservation）

我們將保存能源，並增進內部營運及所售貨物與勞務之能源效率。

我們將盡一切努力，使用無傷於環境並可永續使用之能源。

風險之降低（Risk Reduction）

我們將採取安全無虞之技術、設施與營運程序，並對意外事件做好萬全防備，俾使我們的員工與經營所在社區可能發生之環境、健康與安全風險減至最低。

安全之產品與服務（Safe Products and Service）

我們將減少使用、製造與銷售有害於環境、健康或安全之貨物與勞務，如有可能，並予放棄。

我們將告知顧客我們的貨物或勞務之環境影響並努力改正不安全之使用。

環境復建（Environmental Restoration）

我們將儘速並以負責的態度改正所造成危及健康、安全或環境之狀況，如有可能，我們將補償對人員造成之傷害，或對環境造成之破壞，並將環境加以修復。

知會大眾（Informing the Public）

我們將及時通知由於我們公司所造成的情況可能危及健康、安全與環境因而可能受到影響的每一個人。

我們將經常通過與鄰近社區人士之對話尋求建議與諮商。

我們對員工向管理階層或有關機關提報危險之意外事件或狀況，不會採任何抵制之行動。

管理階層之承諾（Management Commitment）

我們將承諾實施這些原則並維持一定之程序，以確保董事會及CEO對適切之環境議題充分得知，並對環境政策完全負責。

我們於挑選董事會時，將考慮以表達環境之承諾為一條件。

審核與報告（Audits and Reports）

我們每年將對實施上述原則之進展辦理自我評量。

我們對及時創造之眾所能接受之環境審核程序將予支持。

我們將每年編製CERES報告公諸於眾。

環境與品格

　　不論我們如何主張人有高潔的品格，人必須在消極方面求自保，在積極方面求自利，才能在所處的自然與社會環境中生存發展。儘管群我倫理的基本原則是對利己動機的約束與利他胸懷的擴張，然而我們至少可以想到以下四種情況可能使人蒙蔽惻隱、禮讓之心，而暫時不顧羞惡與是非。這四種情況就是不足、不便、不公與不信。

　　不足　當資源或機會長期普遍不足時。此時最需要讓，但最易發生爭。政府應創造豐富的條件，培養禮讓的風格，才能期待在匱乏時無爭，但也不能希望可以長久維持而不趨於敗壞，例如在車輛過多而停車位不足時，我們如何希望車輛不違規停放呢？

　　不便　不便挑戰人的自利心。自我節制的意志對很多人而言，有時是非常脆弱的，不可輕易試探。同樣是台北的市民，但在捷運站和擁擠的街頭，表現出截然不同的文化。捷運站內的一塵不染和秩序井然，是因為垃圾筒便利和勤於清理，以及車輛班次多，不需要長時間等候。

　　不公　不公或缺少公平的機會，予人以違背倫理的藉口。

　　不信　不信或缺少信任，令人以為遵守倫理原則無以自保。大家都爭先恐後，個人也必須爭先恐後，才能保持公平的地位；大家都托人情，個人也必須托人情，才能保持公平的機會；大家都占公家的便宜，個人也必須占公家的便宜，才能保持自己的利益。

　　為什麼橘逾淮而為枳？為什麼爭先恐後、很容易製造髒亂的台灣青年，常常是美國校園中品學兼優的彬彬君子？的確，群我倫理是個人的品格特質，但有利的環境有助於這種品格的養成和擴充。

（孫震，《人生在世》，聯經，2003年，頁50-52）

註1：The World Bank, *World Development Report 2003: Sustainable Development in a Dynamic World —— Transforming Institutions, Growth and Quality of Life*, The World Bank, P.14。

註2：The World Bank, *World Development Indicators 2004*, The World Bank, P.36。

註3：同註2，PP.1-2。

註4：孫震，《成長與穩定的奧祕》，經濟與生活出版公司，1982年，頁54-55。

註5：本段及以下兩段均摘自孫震，〈能源、環境與科技〉，《能源季刊》，1999年1月，頁2-7。此文後收入孫震，《台灣發展知識經濟之路》，三民書局，2001年，頁67-174。

註6：賴子珍，〈燃料電池的應用產品及市場競爭力〉，出自林昇佃等著《燃料電池——新世紀能源》，滄海書局，2004年，第10章。

註7：同註5。

註8：同註6，吳和生，〈燃料的供應〉，第7章。

註9：同註6，賴子珍，〈燃料電池的應用產品及市場競爭力〉，第10章。

註10：The World Bank, *World Development Report 2003 —— Sustainable Development in a Dynamic World*, The World Bank, P.33。經世界銀行（The International Bank for Reconstruction and Development / The World Bank）同意引用。

註11：同註10，PP.32-33。經世界銀行（The International Bank for Reconstruction and Development / The World Bank）同意引用。

第九章

企業倫理與群我倫理

　　西諺有云：「好的倫理就是好的經營。」永續經營必
須建立在倫理的基礎上。

群我倫理的意義

　　群我倫理也就是第六倫，是李國鼎先生晚年提出的概
念。1981年3月15日，當時擔任行政院政務委員負責國
家科技發展的李國鼎先生應邀在「中國社會學社」的年
會中演講。他談到我國向稱禮儀之邦，自古以來重視倫
理，但往往只重視和認識的人之間的倫理，至於對不認
識的人，則較少倫理的考慮，甚至侵犯到他們的權益也
不以為意。因此不易建立一個誠信可靠的公共環境發展
經濟。他於是在傳統的五倫之外，提出第六倫的主張。
　　李先生提出第六倫的主張後，得到社會熱烈的反應。
很多學者、專家和關心國家社會發展的人士撰文或發表
意見，支持他的看法。
　　同年3月28日，他在《聯合報》發表〈經濟發展與倫
理建設──國家現代化過程中群己關係的建立〉，對第
六倫提出完整的理論，成為他後來於1991年創立「中華
民國群我倫理促進會」，推行群我倫理的思想基礎。
「群己關係」是蔣中正總統對類似第六倫關係的用詞，
李先生成立群我倫理促進會時，覺得群我較群己通俗，

易於上口，所以改用群我倫理。

第六倫當然是相對於傳統的五倫而言。五倫包括父子、兄弟、夫妻、朋友、君臣，是個人——也就是群我關係中的「我」與特定對象之間的關係，而第六倫是個人與不在五倫之內、非特定之一般社會大眾之間的關係。我們如果以「我」或「己」爲中心畫一個圓圈，則最靠近我們的是和我們有特定關係的五倫中人，而五倫之外是陌生的一般社會大眾，也就是「群」（註1）。

個人與特定對象之間的關係是互惠的。個人有一定的義務，也有一定的回報，例如父慈子孝，兄友弟恭，夫妻有義，朋友有信，君使臣以禮則臣事君以忠。君臣關係現在雖然已不存在，但可視爲職業上長官與部下或老闆與夥計之間的關係。個人與非特定的、一般社會大眾之間則缺少直接、確定的互惠關係，或者說，個人所得到的回報是間接的、迂迴的、分散的、遙遠的、不確定的，甚至沒有任何正面或反面的回報。

李國鼎先生引報紙上的故事。爸爸罵兒子：「爲什麼偷人家的鉛筆？爸爸從公司拿那麼多回來還不夠你用嗎？」兒子偷鉛筆有特定的受害者，故感到羞愧。爸爸拿公司的筆，損失的是公家，同事們甚至可能「有志一同」，心照不宣；「反正不是拿你的。」

對關係不同或親疏遠近不同的人，有不同的態度，適用不同的原則，屬於「特殊主義」的文化；對所有識與不識的人都以相同的態度和原則對待，屬於一般主義或普遍主義的文化。

　　經濟發展是生產力不斷提高的過程。隨了生產力提高，個人行為的社會影響和環境影響擴大。例如在傳統的農業社會中，垃圾從未成為問題，但在現代工業或資訊社會中，則為重大污染來源。過去以人力或畜力為動力的交通工具所能造成的交通災害，無法與現代高速交通工具可能發生的事故相比。

　　經濟發展使產業複雜化，人口都市化。人民離開鄉里親友彼此熟悉的農村，進入鄰居對面不相識的都市，和陌生人關係日益密切，休戚與共。

　　李國鼎說：「經濟發展使個人從熟人的世界走入生人的世界，從特殊的關係轉向一般的關係。」他引用蔣中正總統說：「群的生活需要容忍調合，約束自我，尊重他人，服從公意，愛護全體（註2）。」不過他說：

　　在現實生活中，也許我們可以從較低的要求做起，將之具體化為下面的項目：
- 對公共財物應節儉廉潔，以消除浪費與貪污。
- 對公共環境應維護，以消除污染。
- 對公共秩序應遵守，以消除髒亂。
- 對不確定的第三者的權益，亦應善加維護和尊重。
- 對素昧平生的陌生人，也應給予公平的機會，而不加以歧視。

特殊主義與一般主義

我們如果說傳統儒家思想沒有群我倫理，或不重視群我倫理，研究儒家思想的學者可能不同意。事實上李國鼎先生的〈經濟發展與倫理建設〉見報的第二天，陳立夫先生就向他表示不同的意見。陳先生認為傳統儒家思想並未忽略群我一倫。這應是研究儒家思想的學者一般的看法。

支持此種看法，我們最容易引用的句子就是「推己及人」，「己所不欲，勿施於人」，「己欲立而立人，己欲達而達人」。孔子說：「弟子入則孝，出則弟，謹而信，汎愛眾，而親仁；行有餘力，則以學文。」仁和恕是儒家思想中的核心價值，雖然都不容易做到，但並不分對象之親疏遠近。

然而《論語》有這樣的故事：

葉公語孔子曰：「吾黨有直躬者，其父攘羊，其子證之。」孔子曰：「吾黨之直者異於是。父為子隱，子為父隱，直在其中矣。」（《論語》〈子路〉）

正直雖然是一種美德，但舉發父親的罪行算不得正直，反而是父親為兒子隱瞞，兒子為父親隱瞞，正直自在其中。

這個故事在《韓非子》〈五蠹篇〉的說法如下：

　　楚之有直躬，其父竊羊而謁之吏。令尹曰：「殺之！」以爲直於君而曲於父，報而罪之。以是觀之，夫君之直臣，父之暴子也。

　　同樣的故事在《呂氏春秋》〈當務篇〉有另外一種說法：

　　楚有直躬者，其父竊羊而謁之上，上執而將誅之。直躬者請代之。將誅矣，告吏曰：「父竊羊而謁之，不亦信乎？父誅而代之，不亦孝乎？信且孝而誅之，國將有不誅者乎？」荊王聞之，乃不誅也。孔子聞之曰：「異哉！直躬之爲信也。一父而載（再）取名焉。」故直躬之信，不若無信。

　　同樣的事件，在《韓非子》的版本中，令尹處死舉發父親罪行的「直躬者」，因爲雖然從國家的觀點看是正直的行爲，但從父子關係看則屬不當。不孝而且殘暴的兒子，當然應予處罰。在《呂氏春秋》的版本中，舉發父親的罪行是信，父被處死而以身代之是孝。既信且孝的人尚要處死，那麼天下還有不被處死之人嗎？但孔子對這位「直躬者」藉著父親竊羊的事件博取自己的名聲不以爲然。反而不如父爲子隱，子爲父隱。《呂氏春秋》這段議論說的是「所貴信者，爲其遵理也。」如果道理不對，「故直躬之信，不若無信。」

　　《孟子》〈盡心〉有一瞽瞍殺人的故事，告訴我們孟子

心目中的聖王，如何在公正與孝親兩個衝突的價值中作
孟子認為正確的選擇。

　　桃應問曰：「舜爲天子，皋陶爲士，瞽瞍殺人，則如
之何？」
　　孟子曰：「執之而已矣！」
　　「然則舜不禁與？」
　　曰：「夫舜惡得而禁之，夫有所受之也。」
　　「然則舜如之何？」
　　曰：「舜視棄天下猶棄敝蹝也，竊負而逃，遵海濱而
處，終身訢然，樂而忘天下。」

　　遺憾的是孟子在這裡將孝親和天下或王位比，舜當然
毫不猶豫地棄天下而顧親情，儘管我們都知道瞽瞍並非
一個令人尊敬的父親，實際上根本即非善類。孟子應該
比較的是法律的公正和私人的孝行。以上的故事都說明
儒家倫理特殊主義的色彩，這和康德的普遍律基本上是
不一樣的。
　　孟子批評楊朱和墨翟說：「楊氏爲我，是無君也；墨
氏兼愛，是無父也。無父無君，是禽獸也。」（〈滕文
公〉）引申來說，楊子只顧自己的利益，是沒有國家觀
念或社會觀念，墨子對天下人都像對自己家裡人一樣關
心，是沒有家庭觀念。沒有社會觀念和沒有家庭觀念的
人，像禽獸一樣。我們不能自私。我們要關心別人，我
們要幫助別人，但不能不分親疏遠近。

　　為什麼有的社會是特殊主義，有的社會是一般主義或普遍主義？究竟是思想引導行為以成就理想的人格？還是行為順應環境以維護個人的安全和利益？請看一位經濟學家的觀察。

　　史密斯在他的《道德情操論》中說，在法律和制度的發達尚不足以周全保護人民安全和利益的農牧社會，同一家族的不同分支，通常傾向於集居在一起，以建立共同的對外防禦。他們彼此互相依靠，和諧增強他們之間的合作，分歧使他們的關係削弱甚至受到傷害。他們之間的交往多於和其他族群之間的交往，同一族群中不管多麼疏遠的成員也主張和其他成員有一定的關係，希望得到與眾不同的對待。

　　但在法規制度已發達到相當程度足以保障甚至最卑微之人的現代「商業國家」（commercial countries），同一家族的後裔不再有聚集而居的動機，自然隨了利之所在或興之所至而散居各地。用不了多久，他們不僅彼此失去關懷，也不記得原屬同一來源，以及他們的祖先之間的關係。文明愈發達，家族的關係愈疏遠。史密斯說，親情在英格蘭即較在蘇格蘭疏遠，雖然蘇格蘭的文明程度日益趕上英格蘭的水準。

　　史密斯甚至認為父子兄弟之間的親情只是慣性的感應（habitual sympathy），由於居住在同一個屋頂之下共同生活而產生。如子女遠離，兄弟分散，情感隨之淡薄。他認為與人方便、自己方便的必要和利益，增進了我們和工作上的同事、生意上的夥伴如兄似弟的情誼。鄰居

們同住在一個社區也一樣。好鄰居有很多方便，惡鄰居有想不到的麻煩，自以和氣相處爲宜。

近年世界銀行對制度和經濟發展之間的關係所作的研究，爲史密斯的看法作了很好的註釋，也支持了李國鼎先生二十多年前初倡群我倫理時的理論。世界銀行2003年的年報有下面一段重要的觀察：

「過去一百五十年最重要的社會、經濟與文化變革，是從閉塞、排外、墨守成規的農村社會轉變爲以開放、包容、創新爲念的都市文化（註3）。」

世銀對此一重要的現象補充了下面的說明：

「人口從農村移居城市經歷以下四個階段：即不同背景的人們一起來到城市之初的『成形期』（forming），他們的不同理念彼此衝突的『風暴期』（storming），不斷演進，漸爲大家接受的『規範期』（norming），以及建設性行爲取代破壞性行爲的『表現期』（performing），結果使城市成爲一個中心，不同文化齊集於此，共同發展出相容的價值，以配合不同理念，爲不同次級社群，提供專業與創造的空間（註4）。」

企業倫理在群我倫理中的地位

個人面對和他沒有特定關係的一般陌生大眾，就像面對無主的大氣和自然資源一樣，較諸面對和他有特定關係的對象，更容易爲了自己的利益而侵犯他們的權益。

因為：

第一，受害者是不認識的人，不確定的人，不知會是誰，因此行為者較少羞愧之感。

第二，傷害由大家分擔，每個人的損失輕微，不會很在意；如果認真計較，可能反而得不償失。

第三，雖然分散後的傷害對任何受到影響的人來說都微不足道，但對行為者來說，卻是從即刻的方便得到重大的利益，有強烈的誘因。

第四，在自然環境方面，如環境受到過度破壞，最後不利於人類生存，在社會環境方面的道理也一樣，如社會上的個別份子不斷為了自己的利益傷害其他不認識的人的利益，則社會終將失去信任，使其維持共存（和諧、安定）、共榮（成長、進步）的效率降低，甚至功能喪失，每個人都同蒙其害。然而個別份子不但無力阻止，可能更急切追逐自己的利益，於是更加速社會的崩解。

畢竟眾多個人聚居而形成社會，最終的目的應是個人的福利；社會的利益應只是中間目的。然而過分強調個人至上，社會如一盤散沙，將失去原來形成時所期待的功能；反之，如過分強調社會至上，會犧牲個人的自由，降低勤勞和創新的動機，使經濟成長緩慢。如何加強但又節制社會的功能，使其最能達到所謂最大多數人最大的利益，應是所有社會思想家都想尋求的答案，而答案並非一個。我們很遺憾的見證共產制度的興起又崩潰，從歷史的眼光看也許只是一瞬，然而多少欲從制度

中獲得幸福的無辜個人因而失去了幸福！

　　個人目的與社會目的的優先次序如何安排？過去數年中，台灣經濟萎弱不振。2003年按當年價格計算的國民生產毛額2959億美元，尚不到2000年3139億美元的95％，失業率從2000年的3％增加到2003年的5％，攤販增加十數萬家。嚴格說，未經政府許可並妥適安置的攤販，應屬侵犯第六倫的行為。因為攤販的營利活動無償使用公共空間，破壞市容，製造髒亂，妨礙交通和造成行人不便。由於攤販不繳納賦稅，不負擔房租，對正當營業的商店形成不公平競爭，而且攤販聚集之處，直接侵犯鄰近商店的權益和居民的安寧。

　　攤販的營利活動產生經濟學所說的「外部不經濟」，即營利活動所發生的一部分成本由社會負擔，營利者並未支付代價，因而其實際支付的成本降低，取得競爭的優勢。因此攤販可視為政府容許由社會或所在特定社區所補貼的營利活動。雖然攤販違反了第六倫或群我倫理，但因損失由大家分擔，受到侵犯者感到的損失少，甚至並未感到損失，或縱然有所不便，但不以為意。對攤販來說卻使十數萬人家的生計得到解決，失業的壓力也得到舒緩。我們究竟應取締攤販以維護市容、交通與安寧呢？抑或容忍攤販以維護經營者的生計？

　　事實上，在經濟發展的過程中，特別是在經濟發展初期，大量農民湧入都市，形成違章建築和流動攤販，可以說是國家藉助於「外部不經濟」解決都市住宅和就業問題不得已的「做法」。我們常說「天下沒有白吃的午

餐」，這也是其中的一種形式。一種活動既然產生成本，就不會自動消失，如果不是由活動者自己負擔，必然由社會全體，也就是所謂「一般陌生大眾」，非自主也非自願的予以負擔。然而隨了經濟成長，所得增加，個人對環境和生活品質日益重視，「外部不經濟」的成本因而不斷提高，終至難以接受。

《經濟學人》2004年7月24-30日的主題是「拯救雨林」（Saving the Rainforest）（註5）。這個主題討論的主要問題是：世界之雨林由其所覆蓋的貧窮國家所擁有，但實屬全球之資產。對擁有雨林的貧國而言，出售林木或轉為農地從事耕種，是賴以維生的所得來源，但對全球而言，保留森林減少大氣中之二氧化碳，可緩和人為之氣溫上升，森林同時也是生物多樣性（biodiversity）豐富蓄藏之所。換言之，雨林的擁有國砍伐或清除自己所擁有的森林，以增加所得，改善生活，使全世界的自然環境為之惡化，若干生物因而消失。這是伐木活動的全球性外部不經濟。

根據《經濟學人》的報導，1990年代由於人類活動而釋放至大氣中的碳素，其中10-20%係熱帶地區伐林所致，單以巴西和印尼兩國之伐林而論，即相當於「京都議定書」所訂2008-2012年每年碳素釋放量的五分之四。然而熱帶貧窮國有權發展自己的經濟，她們的經濟發展也是世銀減貧計畫的重要步驟，今日歐洲與北美之富國在過去兩、三百年間砍伐大部分自有的林地，有何立場主張印尼、巴西與剛果不可伐林？

同樣道理，過去靠製造「外部不經濟」發展經濟的國家，有何立場不容許貧苦民眾為求生存而從事產生「外部不經濟」之營利活動？

李國鼎先生在其前述之大文中將五倫歸類為私德，屬於傳統社會特殊主義之主要行為規範，第六倫或群我倫為公德，屬於現代社會一般主義之主要行為規範。五倫社會之優點為親切、關懷，缺點為偏私、髒亂，第六倫社會之優點為公正、秩序，缺點為冷淡、疏遠。

我們如果為群我倫理尋求一個德目做為行為的準則，在史密斯審慎、公正、仁慈三美德中，毫無疑問的應為公正。史密斯雖然將個人追求自利當作促進公益的基本動力，但自利必須不違背公正，公私利益才能達到和諧。我們如果認為史密斯的經濟思想太重視自利，請看下面他所說的話：

儘管諺語有云，每個人對他自己而言就是全世界，但對其他人而言，則只是其中最不重要的一部分。儘管他的幸福對自己而言比他以外的全世界都重要，但對其他人而言，則並不比任何其他人重要。因此，儘管每個人內心認為自己優先於全人類，但無人膽敢面對全人類宣稱可依此而行。他心知世人永遠不會同意他有優先的地位；不論對他而言何等自然，但在別人眼中則總感過分。當他以別人看待他的眼光看待自己時，他就會看出，對他們而言，他只不過是萬眾之一，不比任何別人為優（註6）。

　　雖然感到自己最重要，但必須把自己置於和眾人一樣的地位，就是公正。公正就是以同樣原則對待包括自己在內所有的人，不為自己的利益犧牲別人的利益。

　　在我國儒家的思想中，這個原則應是恕。恕是我們對待所有人應抱持的原則，但恕就像所有其他德行，並不容易做到。

　　不論現代西方所重視的公正，或傳統我國所強調的恕，當其與自己的利益發生衝突時，其實都不容易做到，尤其當我們所面對的對象是不知何人的一般社會大眾。因此我們需要終身努力追求做人的道理，我們需要景仰、嚮往的典範，我們也需要社會監督和支援體系，在下文稱之為社會資本（social capital）或制度（institutions）。這一部分在發展中國家非常欠缺，而其傳統的典型也日益遙遠了！

　　李國鼎先生在其〈經濟發展與倫理建設〉一文中有下面一段話：

　　……一九八一年3月8日，我在國際扶輪社345區第二十一屆年會演講，曾經呼籲現代工業社會貨物與勞務的供應者應發揮職業道德，為社會樹立規範，包括廠商不推銷不負責任的設備和儀器，不出售貨劣價昂的商品，不偷工減料，不冒用商標；建築師不設計預算不切實際的工程；醫師不開不必要的刀，不用不必要的藥；律師不作違背良心的辯護。各種同業公會和職業工會應該挺身而出，共同推動相關部分的工作。

接著他並說：

新倫理的建立不僅要靠教育的鼓吹和獎勵，還要靠有效的制裁和懲罰。

　　一九九一年李國鼎先生在學術界和企業界的一些朋友支持下，成立「中華民國群我倫理促進會」，化言論為行動，積極推行第六倫運動。「中華民國群我倫理促進會」初期的工作，在於觀念的普及，採用的方法包括大型音樂會、演講會和電視節目，並製作了「推愛」歌曲與「推我心，愛別人」的標誌，希望藉演講、歌聲和圖像，將「推愛」的理想深植人心。繼而探討專業倫理、職業倫理、企業倫理，漸以企業倫理為核心，做為實現全面群我倫理的著力點。
　　「群我倫理促進會」特別重視企業倫理，是因為台灣多年追求經濟發展，社會日趨功利化，人民熱中私利，漸至不顧公義，社會風氣敗壞，政治領袖缺少誠信，典

第六倫

　　五倫的關係是對應、互惠的（reciprocal），第六倫的關係從個人、從短期看是片面的，沒有回應的，從全體、從長期看其回應是遙遠而迂迴的。

　　（孫震，〈群我倫理、社會資本與社會信任〉，《我們的台銀》，2004年1、2月，頁3-8）

型喪失，而現代化的制度猶待建立，企業是少數有動機、有獎懲系統，講求倫理、維護倫理的機構。西諺有云：「好的倫理就是好的經營。」（Good ethics is good business.）永續經營必須建立在倫理的基礎上。

制度、社會資本與資產

正如經濟學之父史密斯所說的，人性有利己的成分也有利他的成分。利己出於切身的感受，是一種本能。人飢而思食，渴而思飲，如得不到滿足根本不能生存，更不可能有人生的種種發展。利他出於設身處地、感同身受，就是孟子所說的惻隱之心，看到別人受苦，於我心有戚戚焉。

基本上，我國的儒家思想主張人皆應發揮利他之心以造福社會，而史密斯則更信賴個人利己心的強烈動機，認為如任其自由，冥冥之中有一隻看不見的手，會帶領其達成社會的公益，而且比蓄意想達成公益更為有效。假如我們欲憑藉利他之心，應如何加以鼓舞，並使其持之以恆？又如何加以組織，使個別的努力不發生衝突，而能達成共同的目的？假如我們欲借重利己之心，應如何加以節制，使其不傷及他人的利益？

孔子說：「道之以政，齊之以刑，民免而無恥；道之以德，齊之以禮，有恥且格。」（《論語》〈為政篇〉）也就是說，孔子主張德治，提出道德的訴求，以禮樂制度

加以教化，培養高潔的人格，使規範內化（internalized）為自發的行為，如做不到，會感到羞愧而反省改革。

若政府以命令規定，以懲罰約束，人民就會設法規避而不以為恥。這話引申的意思是說，如果遵守規範不是出自內心的善意，而只是來自外部的要求，縱有法規加以節制，仍有辦法逃避，人民也因此失去羞惡之心。這正是我們近年在台灣常看到的情形。

儒家思想期待政治領袖為社會的典範。孔子說：「為政以德，譬如北辰，居其所而眾星拱之。」（《論語》〈為政〉）又說：「其身正，不令而行；其身不正，雖令不從。」（《論語》〈子路〉）又說：「政者正也，子帥以正；孰敢不正！」（《論語》〈顏淵〉）季康子問政於孔子，孔子說：「子為政焉用殺？子欲為善而民善也。君子之德風，小人之德草，草上之風必偃。」（《論語》〈顏淵〉）

除了政治領袖外，社會上有貢獻、有成就、有學問、有品德，故為人尊敬的人，都會以其言行影響社會的風氣。曾國藩說：

> 風俗之厚薄奚自乎？自乎一、二人心之所嚮而已⋯。此一、二人之心向義，則眾人與之赴義，此一、二人之心向利，則眾人與之赴利。（〈原才〉）

雖然倫理是品德的表現，倫理發自潛德之幽光才有主動自發的動力。孟子認為惻隱之心、羞惡之心、辭讓之

心、是非之心分別爲仁、義、禮、智之端，有此四端，擴而充之，可以保四海。史密斯也認爲人有仁愛之心，表現爲公正與慈愛（benevolence）。不過美德的發揚不能光靠典範和自我節制。如果社會缺少獎善懲惡的機制，致使「善者誰賞！惡者誰罰！」或更不幸，社會的機制獎惡懲善，則倫理只能淪爲言辭而不能化爲行動。曾國藩有下面一段話：

> 竊嘗以爲無兵不足深憂，無餉不足痛哭，獨舉目斯世，求一攘利不先，赴義恐後，忠憤耿耿者，不可盡得。或僅得之，而又屈居卑下，往往抑鬱不伸，以挫，以去，以死。而貪饕退縮者，果昂首而上騰，而富貴，而名譽，而老健不死。此其爲浩歎者也。（〈復彭麗生書〉）

這是怎樣一個沒有公義、沒有是非的社會！難怪曾國藩要爲之浩歎，也難怪清朝要亡國。

人生活在社會環境之中，受社會環境的影響，在不同的社會環境下有不同的自處之道和行爲模式，產生不同的社會效果。社會環境和自然環境一樣，不僅直接進入我們的生活，影響我們的福祉，也進入社會的經濟機制，影響經濟效率與經濟成長。

一九八〇年代後期，芝加哥大學社會學家柯里曼（James S. Coleman）提出「社會資本」的概念，藉以結合社會學與經濟學的思想；從經濟學的觀點看，則爲引

進社會學的分析工具，使經濟學的思想更完備（註7）。

十九世紀和二十世紀之交英國新古典學派大師馬夏爾（Alfred Marshall）曾經說（註8）：

任何地方勞動和資本使用的範圍，取決於以下三個條件：(1) 該地之自然資源；(2) 該處之知識進步，以及社會與產業組織進步的情形；(3) 可供出售剩餘產品之市場。

知識的進步和散播，總是導致新方法和新機器的使用，使生產效率提高。

當前談經濟成長常使用的概念如「知識資本」、「社會資本」、「自然資本或資產」、「技術進步」或「全因素生產力TFP（total factor productivity）提升」，都可從上列馬夏爾的兩段文字中找到對應的思想。可惜除了「技術進步」或「TFP提升」成爲「新古典成長理論」的核心因素外，皆尚待學者繼續努力，才有希望成功納入現代經濟成長理論之中。

柯里曼藉「社會資本」和「物質資本」（physical capital），即一般所稱之資本，與「人力資本」（human capital）之比較，說明社會資本的性質。正如物轉變爲可使生產增加之機器、設備與工具，而成爲物質資本，人轉變爲更具技巧與能力，增加人力資本，使行動效率提高之人際關係轉變，則產生社會資本。如果我們說物質資本表現爲看得見的物質形式，是百分之百的有目共睹

（wholly tangible），人力資本表現於個人所獲得之技巧與知識，並非同樣顯著（less tangible），則社會資本存在於人與人之間的關係，更不明顯（less tangible yet）。不過，正如物質資本和人力資本使生產效率提高，社會資本同樣使生產效率提高。例如，一個內部有誠信的群體會比缺少誠信的群體有較好的表現（註9）。

社會資本的意義眾說紛紜，有人視之為社會組織（social organizations）的表現，如信任，有人視之為行為規範的整合（an aggregate of behavioral norms），有人視之為人際關係（social networks），有人視之為以上各說之組合（註10）。

資深經濟學家梅爾（Gerald M. Meier）引用柯利爾（Paul Collier）1998年為世銀所寫的背景論文〈Social Capital and Poverty〉，認為社會資本是社會內部社會與文化之凝聚性（coherence），支配人與人互動之規範與價值，及其所依附的各種制度。當其為一種社會互動產生外部性（externalities）、有助於集體行動、使社會與經濟同蒙其利時，社會資本產生經濟上的貢獻。民間之社會資本包括信任、互惠、人際關係、合作與協調，形成社會份子之互動，並產生外部性。官方之社會資本包括法律、秩序、財產權、教育、健康與「優質政府」（good government）。梅爾認為社會資本使交易成本與資訊成本降低，使物質資本與人力資本之生產力提高，可視為蘇羅（Robert Solow）生產函數中TFP的一部分（註11）。

具體地說，社會資本包括以下六個項目：人的行為（behavior），人與人之間的關係（networks），引導行為與人際關係的價值，約束行為與人際關係的規範（norms），使價值與規範發揮功能的機制（enforcement mechanisms），以及各種機制所依附的組織（organizations）。

這六個項目可分成四個層次：最上層是行為和人際關係。這兩個項目直接、間接影響我們的經濟活動和人生福祉。誠信的行為、和諧的關係，使經濟活動的成本降低、效率提高，也使人生活愉悅。第二層是價值和規範。第三層是實施機制。最基層是組織。第三層和最基層是我們通常所說的制度。不過廣義的制度將第二層甚至最上層包括在內，以取代社會資本。

一般而言，經濟學家雖承認社會文化因素對經濟活動的重要意義，但對社會資本一詞則多有保留的意見。新古典成長理論大師、諾貝爾獎得主蘇羅指出，資本是有形而持久之物的存量，如建築、機具與存貨；資本可產生報酬，其報酬率可加以計算；資本因投資而增加。然而社會資本的存量為何？其報酬率如何計算？社會資本有沒有投資（註12）？

另外一位諾貝爾經濟學大師艾魯（Kenneth J. Arrow）說，社會資本的概念很重要，問題是如何加以運算以納入經濟分析之中。艾魯認為資本一詞有三種意義：(1) 時間的延伸，也就是蘇羅所說的持久性（durable）；(2) 為未來之利益而蓄意犧牲現在，節制當前消費用於

投資才能累積資本；(3) 可與人分離（alienability）；第三點特質人力資本亦不具備。第一點可能部分成立；我們常說建立聲譽（reputation）或信任。不過聲譽和信任不同於物質性的投資，一點點信任沒有很大用處。最不同是第二點，社會關係之建立主要不是為了其在經濟上的價值，而自有其固有價值。因此艾魯認為不宜使用社會資本一詞（註13）。

社會資本一詞既然有很多爭議，所以世界銀行晚近之文獻中多以制度替代，有時亦稱社會資產（social assets）（註14）。

各類資本與人民福祉

介紹完社會資本後，讓我們借用世界銀行2003年發展報告中的圖式略作簡化，以綜合各類「資本」對全民福祉（human well-being）的貢獻；由於經濟學家對資本（capital）有嚴格的定義，世銀改以資產（assets）代替。

古典學派的經濟成長理論只包含土地、（物質）資本和勞力三個因素。在表9-1中，土地屬「自然資產」；資本屬「人造資產」，但不包括金融資產；勞力屬「人力資產」，但未考慮勞動者知識、技能的變動。新古典成長理論在傳統的資本和勞力之外，加入技術進步的因素。技術進步指資本和勞力之外一切使生產力提高的因

素，包括狹義的技術進步、人力資產和社會資產的增加，所以又叫全因素生產力提升。傳統經濟成長理論並不考慮社會因素，或假定其不變。然而社會文化條件對經濟表現有一定的影響，是無人可以否認的。

現在世界各國努力追求經濟成長，認為生產與所得增

表9-1　各類資本與人民福祉

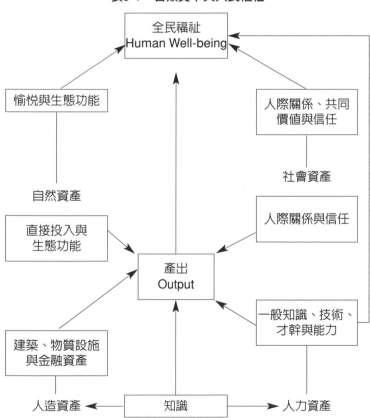

資料來源：The World Bank, *World Development Report 2003—Sustainable Development in a Dynamic World*, The World Bank, P.19。經世界銀行（The International Bank for Reconstruction and Development / The World Bank）同意引用。

加使人的福祉增加，因而更感幸福。但福祉並非完全來
自可支配的貨物與勞務，愉悅的自然環境，誠信可靠的
人性，和諧美滿的人際關係，以及知識、才能，也是人
生幸福的重要來源，我們更應努力加以維護與改善。

註1：李國鼎，〈經濟發展與倫理建設──國家現代化過程中群己關係的建立〉，原載於《聯合報》，1981年3月28日。

註2：同註1。所引蔣中正總統的話，是中華民國行憲十週年紀念大會演講。

註3：The World Bank, *World Development Report 2003: Sustainable Development in a Dynamic World*, The World Bank, PP.5-6。經世界銀行（The International Bank for Reconstruction and Development / The World Bank）同意引用。

註4：同註3，P.199。經世界銀行（The International Bank for Reconstruction and Development / The World Bank）同意引用。

註5：*The Economist*, July 24-30, 2004，PP.11 and 35-37。

註6：Adam Smith, *The Theory of Moral Sentiments*, 1759, Section2, Chapter2。

註7：James Coleman, "Social Capital in the Creation of Human Capital", in Partha Dasgupta & Ismail Serageldin, eds, *Social Capital, A Multifaceted Perspective*, the World Bank, 2000, PP.13-39。

註8：以下兩段分別引自Alfred Marshall, *Principles of Economics*, 8th edition. 1890, Chaps. XII, Sec. 1 and VII, Sec. 1。

註9：同註7，pp.18-19。經世界銀行（The International Bank for Reconstruction and Development / The World Bank）同意引用。

註10：同註7，"Preference", p. X。經世界銀行（The International Bank for Reconstruction and Development / The World Bank）同意引用。

註11：Gerald M. Meier, "The Old Generation of Development Economists and the New" in Gerald M. Meier and Joseph E. Stiglitz, eds, *Frontiers of Development Economics, The Future in Perspective*, The World Bank and Oxford University press, 2001, pp. 13-50. 此處所引係P.29。經世界銀行（The International Bank for Reconstruction and Development / The World Bank）同意引用。

註12：同註7，Robert Solow, "Notes on Social Capital and Economic Performance", PP.6-10。

註13：同註7，Kenneth J. Arrow, "Observation on Social Capital", PP.3-5。經世界銀行（The International Bank for Reconstruction and Development / The World Bank）同意引用。

註14：例如世銀2002年年報之主題為*Building Institutions for Markets*, 2003年年報為*Sustainable Development in a Dynamic World — Transforming Institutions, Growth and Quality of Life*, IMF 2003年4月號世界銀行經濟展望主題為 *Growth and Institutions*。

註15：同註13，頁18-19。

澹泊成熟的
心靈詩篇

過去經歷的一些變故，當時以為風狂雨驟，
回頭看，其實「也無風雨也無晴」。

回首向來蕭瑟處

孫震　著

■定價 260元　■書號 GB101

　　從一介貧童，勤奮苦學而成為台大教授、經建會副主委，後出任台大校長、國防部長、工研院董事長，孫震有著戲劇般奇特的際遇。本書是孫震回顧過往歲月、洞察社會面向所寫的文章，文字典雅、如沐春風，散發著溫煦心靈的馨香。透過孫震的生活實錄，讀者可以看到台灣社會環境的變遷、經濟發展的軌跡以及他對教育、軍事的看法和對人的關懷。

企業永續經營，就靠品德管理！

許士軍（中華民國管理科學學會理事長）
曾志朗（中研院副院長）
黃達夫（和信醫院院長）
各界聯名推薦

企業全面品德管理——看見亞洲新利基

李克特（Frank-Jürgen Richter）與馬家敏（Pamela C.M. Mar）編　羅耀宗 等譯

■定價 420元　■書號 CB292

　　企業品德已經成為全球企業經營的重大課題，而亞洲正站在道德的十字路口。世界經濟論壇（World Economic Forum）創辦人及主席克勞斯・施偉伯（Klaus Schwab）說：「『信任』從來沒有像現在這麼廣受全球矚目……。我們面對的挑戰，是建立一套透明的道德準則作為企業的基礎，讓企業的經營運作能提昇大眾信心。」

　　本書提倡，以全面倫理管理（Total Ethical Management）來解決亞洲企業面臨的品德經營危機，並指出企業永續獲利的經營方向。書中集結亞洲各界思想領袖的論述，針對不同層面的企業倫理實踐提出多元觀點，希望將古老價值準則珍視的品德倫理，內化至企業經營及現代生活。

國家圖書館出版品預行編目資料

理當如此：企業永續經營之道 / 孫震著. --
第一版. -- 臺北市：天下遠見, 2004[民93]
面；　公分. --（財經企管；306）

ISBN 986-417-396-0（平裝）

1. 企業倫理　2. 企業管理

198.49　　　　　　　　　　　　　　93019385

典藏天下文化叢書的 5 種方法

1. 網路訂購

歡迎全球讀者上網訂購，最快速、方便、安全的選擇
天下文化書坊 www.bookzone.com.tw

2. 請至鄰近各大書局選購

3. 團體訂購，另享優惠

請洽讀者服務專線 (02) 2662-0012 或 (02) 2517-3688 分機 904
單次訂購超過新台幣一萬元，台北市享有專人送書服務。

4. 加入天下遠見讀書俱樂部

■ 到專屬網站 rs.bookzone.com.tw 登錄「會員邀請書」
■ 到郵局劃撥 帳號：19581543 戶名：天下遠見出版股份有限公司
（請在劃撥單通訊處註明會員身分證字號、姓名、電話和地址）

5. 親至天下遠見文化事業群專屬書店「93巷・人文空間」選購

地址：台北市松江路93巷2號1樓　電話：(02) 2509-5085

財經企管 ⑶₀₆

理當如此
企業永續經營之道

作　　者／孫震
主　　編／林蔭庭
責任編輯／沈維君、陶蕃震（特約）
封面設計・美術編輯／陳敏捷（特約）

出版者／天下遠見出版股份有限公司
創辦人／高希均、王力行
天下遠見文化事業群　總裁／高希均
發行人／事業群總編輯／王力行
天下文化編輯部總監／林榮崧
版權暨國際合作開發協理／張茂芸
法律顧問／理律法律事務所陳長文律師　　　著作權顧問／魏啓翔律師
社　　址／台北市104松江路93巷1號2樓
電　　話／(02) 2662-0012　傳真／(02) 2662-0007；2662-0009
電子信箱／cwpc@cwgv.com.tw
直接郵撥帳號／1326703-6號　天下遠見出版股份有限公司

電腦排版／凱立國際資訊股份有限公司
製　版　廠／凱立國際資訊股份有限公司
印　刷　廠／盈昌印刷有限公司
裝　訂　廠／台興裝訂廠
登　記　證／局版台業字第2517號
總　經　銷／大和書報圖書股份有限公司　　電話／(02) 8990-2588
出版日期／2004年12月15日第一版
　　　　　2008年10月10日第一版第4次印行

定價／280元

ISBN: 986-417-396-0
書號：CB306

BOOK zone 天下文化書坊　http://www.bookzone.com.tw

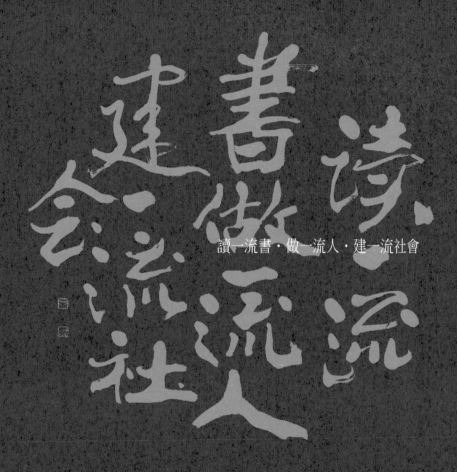

讀一流書・做一流人・建一流社會

題字：名書法家　董陽孜女士